如何阅读马克思
How to Read Marx

［英］彼得·奥斯本(Peter Osborne)　著

李大山　译

重庆大学出版社

献给伊莉亚

彼得·奥斯本（Peter Osborne）

英国密德萨斯大学（Middlesex University）教授

编有《瓦尔特·本雅明：文化理论中的批评》，著有《时间的政治：现代性与先锋》《问题在于改造世界：马克思导读》等书。

目 录

我如何阅读
"如何阅读"丛书?

本丛书基于一个非常简单却又新颖的创意。为初学者进入伟大思想家和著作家提供的大多数指南，要么是其生平传略，要么是其主要著作概要，甚或两者兼具。与之相反，"如何阅读"丛书则在某位专家指导下，让读者直接面对伟大思想家和著作家的著述。其出发点是：为了接近某位著作家的著述之究竟，您必须接近他们实际使用的话语，并学会如何读懂这些话语。

本丛书中的每本书，某种程度上都堪称一个经典阅读的大师班。每位作者都择录十则左右著作家原作，详加考察以揭示其核心理念，从而开启通向整体思想世界之大门。有时候，这些择录按年代顺序编排，以便了解思想家与时俱进的思想演变，有时候则不如此安排。本丛书不仅是某位思想家最著名文段的汇编、"精华录"，还提供了一系列线索或关键，能够使读者进而举一反三有自己的发现。除文本和解读，每本书还提供了简明生平年表和进阶阅读建议，以及网络资源等内容。"如何阅读"丛书并不声称，会告诉您关于这些思想家，如弗洛伊德、尼采和达尔文，甚或莎士比亚和萨德，您所需要知道的一切，但它们的确为进一步探索提供了最好的出发点。

正是这些人塑造了我们的智识、文化、宗教、政治和科学景观，本丛书与坊间可见的这些思想家著作的二手改编本不同，"如何阅读"丛书提供了一系列令人耳目一新的与这些思想家的会面。我们希望本丛书将不断给予指导、引发兴趣、激发胆量、鼓舞勇气和带来乐趣。

西蒙·克里奇利（Simon Critchley）
社会研究新学院　纽约

致　谢

感谢西蒙·克里奇利和乔治·米勒为我提供写这本书的机会，感谢约翰·卡拉尼亚斯卡斯与斯特拉·桑福德对书稿的评论，文字不足以表达我对斯特拉的感谢。感谢贝拉·尚德对书稿的编辑工作。

译者序

再论"我如何阅读
'如何阅读'丛书"

按理说，一本不到八万字且不是经典名著级别的介绍性读物的翻译，在有编者寄语的情况下，没必要再写一篇译者序，但这本书部分内容涉及的学术性与敏感性又令译者不得不写。

"异化"的德文是"Entfremdung"，但常见的英译有两个："alienation"与"estrangement"。对照德文版与其他中译版不难发现，奥斯本在引用马克思原话时，将"Entfremdung"译为"estrangement"，其他中译版的对应中文是"异化"；将"Entäusserung"译为"alienation"，其他中译版的对应中文是"外化"。然而，奥斯本在第4章明确指出，"Entäusserung"的英译是"externalization"，这给翻译造成了麻烦。考虑到知名度，"异化"显然比"外化"更适合承担第4章副标题的功能。综合考虑之后，我将"alienation"译为"外化"，"estrangement"译为"异化"，出现将"externalization"译为"外化"时会注明英文。

尽管国内马克思、恩格斯系列的中译版种类齐全，译文质量也高，而且大多从德文直接译来，能够满足国内读者的基本需求，但这本书仍有三个独到之处：一是"短小精悍"，适合非专业读者，即便专业读者也会折服于奥斯本对马克思思想的条分缕析与精辟概括。二是"视野宽广"，从第7到第10章，奥斯本一方面介绍马克思的晚期思想，另一方面运用这些思想分析、评价20世纪之后的世界政治—经济格局，敏锐地指出后来不少的进步思想从马克思思想中获得了养分。三是"现实关怀"，奥斯本认为后发国家走向现代化绕不开"原始积累"，因而绕不开马克思意义上的"暴力""非法"与"压榨劳动力"。实事求是地说我们国家在改革开放初期确实有某些外来的类似的现象存在，但矛盾的本质是完全不同的。在此意义上，这本书后四章内容不妨看作概括了中国特色社会主义道路在理论与实践上面临的双重挑战：如何以一种和平、人道与可持续的方式实现现代化？当前，在抗击"新冠肺炎疫情""一带一路""数字经济""碳中和""人类命运共同体"上我们已经迈出了坚实的步伐，我相信，在中国共产党的领导下，中国人民能够克服这些挑战，在人类历史上留下浓墨重彩的一笔。

2022年是中国共产党成立100周年后的第一年，2023年是马克思逝世140周年，中国的改革开放与社会主义事业必将迈上更高的台阶，借此机会感谢重庆大学出版社姚颖老师与上海大学陈海老师为我提供翻译这本书的机会。

李大山于浙江温州

2022年1月

马克思主要用德语写作。我引用的马克思文本的两个英语来源是：本·福克斯翻译的《资本论》第一卷，首版由"企鹅"与"新左派评论"于1976年联合出版；马克思/恩格斯《选集》共五十卷，由劳伦斯与威萨特于1975年出版。《选集》中包括1888年萨缪尔·摩尔对《共产党宣言》的出色翻译，这部作品本身就是一部文学作品。然而，在一些情况下《选集》（以及已经出版的相关段落的翻译）被证明不能精读，理由有二：首先，它们对已经确立的德国哲学术语的翻译惯例不敏感。其次，它们遵循过时的语法性别规范。阅读马克思19世纪40年代大部分著作的标准翻译，会有这样的印象，人类完全由男性组成。必要的时候我会使用首次由柏林的迪茨出版社出版的马克思/恩格斯《全集》重新翻译整个节选。有时候，我必须简单地改变人称代词的性别和不恰当的性别化短语。在正文中，圆括弧中的 C 1 表示《资本论》第一卷，后面的页码是企鹅版；使用 *MECW* 表示英文版的《选集》，后面是卷数与页码。

导　论

p.1

> ……不存在无罪的阅读，我们必须说出我们的哪
> 些阅读有罪。

路易斯·阿尔都塞，《阅读〈资本论〉》

这本书对阅读马克思哲学有罪。但在解释我的意思前，让我说一下为什么在 21 世纪的开始，我认为我们应该阅读马克思。

马克思是 19 世纪欧洲资本主义时期的思想家，他生于 1818 年普鲁士王国莱茵省特里尔市，时值动荡不安的后拿破仑时代。他死于 1883 年，在第一次世界大战达到顶点的欧洲列强之间的帝国主义竞争那时刚刚开始。从 19 世纪 40 年代开始至其去世，马克思对欧洲及欧洲之外的资本主义社会进

行了有史以来最深刻的分析和严厉的批评。用法国哲学家保罗·里科（Paul Ricoeur）的话说，马克思与尼采、弗洛伊德并称为三位杰出的"怀疑大师"。马克思与恩格斯的《共产党宣言》（1848年）可能是目前除了世界上最伟大的传统宗教文本外最有影响力的文本。

不过，马克思不仅仅是19世纪欧洲资本主义的思想家，他是资本主义本身的思想家。马克思是把经济体系的资本主义基本元素传播到全球的思想家，他研究商品、货币、资本、劳动力、剩余价值、积累与危机的相互关系以及发展形式。他将经济"价值（value）"理解为一种神秘的、异己的、日益普及并且吞噬一切的社会形式，他将社会劳动理解成人类生产力、创造力、可能性与自由的来源。马克思的核心思想是：人类是自然的、社会的、实践的与历史的存在，其历史是阶级之间不断斗争的历史。他认为资本主义在有限的基本形式内永恒地发展，最终只能是人类生产的"一个正在过去的历史阶段"。最重要的是，马克思构想了一种包含于资本主义却彻底超越当前的资本主义的未来。他在《路易·波拿巴的雾月十八日》（1852年）中写道："19世纪的社会革命只能从未来而不是过去中创造自己的诗歌。"在这方面，21世纪的社会革命不会有什么不同。

概言之，在20世纪六七十年代流行谈论"后资本主义"，仿佛17与18世纪欧洲农业和工业革命所引领的历史行将就木。这句话在今天带有辛辣的讽刺意味。"随着实际存在的社会主义"（当时是这么叫的）或者东欧历史上的共产主义（现在是这么叫的）的崩溃，欧洲帝国的前殖民社会以及后发国家的国家资本融入全球资本循环（通过创造债务），我们更有可能处于"早期资本主义"的后期阶段。许多人认为共产国际的崩溃使得马克思的著作仅仅只有档案意义，然而马克思从来不是"实际存在"的社会主义或国家解放的理论家。那是列宁、斯大林、毛泽东和格瓦拉的任务。马克思首先是——现在仍然是——批判资本主义的分析家，是关于资本主义社会动力和克服资本主义所需条件的理论家。随着资本主义在曾经欠发达的经济体如巴西与印度的迅速发展，马克思的著作与当下的关系越来越密切而不是越来越远。尤其随着始于20世纪90年代早期的"反全球化"发展成了更加自觉地"反资本主义"（至少在措辞上是这样的），准确了解资本主义是什么变得越来越重要。什么将资本主义概念从"市场社会"中区分出来？受价值支配是什么意思？何种发展趋势是资本的社会形式本身所固有的？

苏联的解体再一次预示了赋予马克思文本新生命的可能性。一种真正的对生活的解释，它从正统政治权威中解放出来，该正统源自与马克思合作了40年的弗里德里希·恩格斯（1820—1895年）的晚期著作。它发展于苏联，作为"马克思主义—列宁主义"在世界共产主义运动中传播开来。

阅读是挑战的一种既有方式。编纂要求的解释，对于以权威为基础的文本的精妙与冲突来说，绝不是智性上充分的。至少自马丁·路德以来，阅读的理念，阅读作为解释，以阅读反正统，在启蒙运动的教育改革中扮演了核心角色。经典文本为代际之间的冲突提供了舞台。在这方面，20世纪60年代以来，阅读在人文性的理论科学中享有特殊地位。马克思的文本也不例外；事实上，它们已经是典范了。

p.4

西方传统中阅读马克思最有成果性的学者，在20世纪二三十年代是格奥尔格·卢卡奇、安东尼奥·葛兰西、瓦尔特·本雅明，在20世纪40年代是麦克斯·霍克海默、西奥多·W.阿多诺，在20世纪60年代是路易斯·阿尔都塞。他们都是使用马克思的著作来摆脱正统解释束缚的学者。他们每个人都充分挖掘了马克思著作的智性深度与丰富程度，来反对既有的正统以及被认为理所当然的解读。然而，不会有人仅仅满足于指出意义的传播；也不会有人仅仅满足于反对。每个人都利用自己的历史情境与一系列问题去锻造新的融贯性，去投射一个新的完整阅读，一种新的思想。

这本书追随这些解释来阅读马克思。像它们一样，从哲学与其自身历史的视角来解读马克思，但这样有被误解的危险。我所说的哲学阅读与英语世界盛行的"哲学"意义相距甚远，那种意义上的哲学是一门大学学科，有自己的形式、逻辑与语言主题。在哲学的学术与学科意义上，马克思是一个另类的批判家。他在"论费尔巴哈"（1845年）的最后写道："哲学家只是在解释世界，但关键是改造世界。"在《德意志意识形态》（1845—1846年）中，他告诉我们："哲学与对真实世界的研究彼此之间有着同样的关系，就像手淫与性爱一样。"也许最令人震惊的是，在同一文本中最残酷的还原是：每个有深度的哲学问题可以完全被经验事实解决。

p.5

然而，有一个很好的修辞策略的例子，列宁戏称，在相反的方向上"将棍子弯曲"而使之变直。马克思在这些句子中所讨论的"哲学"的意义是一种理性上自足的话语或探究模式。由于该意义假设理性可以独立存在，这样的话语是唯心主义者的固有特征。但是，马克思认为，一旦理性自足的幻想破灭，这一领域的另一种*依赖性哲学思想概念*的大门就会打开，马克思基于经验与观察总结并整合了"最一般的研究结果"。他承认，正是在这里，"出现了困难"。在这种更困难、更依赖的意义上，哲学话语在各个学科最终相互联系的层面运作，在经济和政治等明显非哲学领域中寻求普遍意义。这种依赖性概念还构建了新的跨学科概念，如商品拜物主义（fetishism）、实践、生产方式和异化（分别在第1—4章讨论）。我本人阅读马克思的方式，正是这种源自马克思著作中将哲学视为一种批判性跨学科理智实践的宽泛理解。

马克思在著作中努力将理论抽象（abstractions）与经验联系起来，由于作为经验的元素，概念最终获得真理。概念性抽象美化了相关经验——就像小说和视觉艺术作品美化了读者和观众的经验一样。这些是马克思思想中的"现象学（phenomenological）"与"存在主义（existential）"面相。马克思通过将世界呈现在读者面前的方式吸引读者，然后将

p.6

这些表象追溯到人类存在的基本特征，从而展现它们最终的实践意义。从哲学的角度阅读马克思，就是要恢复这一层意义，然后将其与作为实践性社会存在的个人的经验联系起来。正是在这里，马克思的散文（以及他的一些译者的散文）中引人注目的形象具有重要意义：文学形式与马克思作品中的哲学旨趣密切相关。

在节选时我受多个动机的综合影响：呈现马克思思想的独特性与深度；聚焦需要或值得进一步阅读的段落，重要但不易理解的段落；将马克思对资本主义的分析视作其哲学思想的组成部分；把对资本主义的分析置于马克思更直接的政治学著作之前，后者对当下的意义更小；将马克思的观点呈现为一种持续性的探究过程而不是教条；强调他散文中的一些幽默与力量，在一定程度上这些可被翻译。

专业术语通常是普通读者接近科学与哲学文本时的最大障碍。然而，正如恩格斯在马克思的《资本论》英文版第一版（1888年）序言中所说，这是"一个我们不能帮读者免除的困难"，因为"每一门科学的新面相都涉及一场关于这门科学的技术术语的革命"。马克思在对政治经济学批判中既创造了他自己的技术术语，又使用了德国唯心主义惯用的哲学词汇。德国唯心主义传统的一个显著特点是，在具有日常意义的语词上建立专业术语。这种语言兼具专业与日常的双重编码，对哲学在欧洲社会中的文化功能至关重要，在学术专业语言和公共话语之间起到了中介作用。在很大程度上，

p.7

要理解该传统中的思想家就要接受这种术语的双重使用。马克思就属于该传统，尤其在他已出版的作品中，他也为工人运动写作。因而马克思的散文是理论与隐喻、技术的深奥与政治的坦率的完美结合。阅读马克思最有效的方法是同时在所有这些层面上阅读他。

商品：拜物主义与象形文字

乍看之下，商品似乎是一个微不足道的东西。但对它的分析表明它是一个非常奇怪的东西，充满了形而上学上的微妙与神学上的怪诞。就使用价值而言，无论我们从其能满足人类需求的属性看，还是从其作为人类劳动产物而首先具有的属性看，商品并没有什么神秘之处。很明显，人类通过活动按照对自己有用的方式改变了自然物质的形态。例如，用木头做一张桌子，木头的形态就改变了。尽管如此，桌子仍然是木质的，还是一个普通的（ordinary）、可感的（sensible）东西。然而，桌子一旦突现为商品，就变成了一样可感觉而又超越感觉的事物。①它不仅用脚站

---

① 该英文版是"桌子一旦突现为商品，就变成了一样超越感觉的事物"，漏了"可感觉"这一层意思。——译者注

在地上，而且在与所有其他商品的关系上是颠倒的，从它的木头脑袋中演化出怪诞思想，比它根据自己的自由意志跳舞更奇妙。

因此，商品的神秘性特征并不来自其使用价值。同样，也很少来自价值规定的内容……

那么，劳动产品一旦呈现为商品的形式，其神秘特征从何而来？很明显，从其形式本身而来…… p.10

商品形式的神秘性由这样的事实构成……商品将人们自身劳动的社会特征反映为劳动产品本身的客观性特征，反映为这些事物的社会属性。因此也将生产者的社会关系反映为全体劳动者的社会关系，外在于他们而存在的对象之间的社会关系。通过这种替代，这种交换物（quid pro quo），劳动产品成为商品，可感觉的东西同时也是超感觉的或社会的……显现出来的商品形式与劳动产品的价值关系，与商品的物理本性和由此产生的物质关系完全没有联系。这里只假设了人们之间的社会关系由事物之间的一种奇异幻想（phantasmagorical）形式决定。因此，为了找到一个类比，我们必须进入宗教世界的迷雾。在那里，人类大脑的产物似乎被赋予了生命，自足的形象介入每个产物之间以及产物与人类之间的关系。依附于劳动产物而作为商品生产出来，我称之为拜物主义，因而与商品生产分不开……

因此，价值不会将自己标记在额头上；而是将每个劳动产物转化为一种社会象形文字。

摘自"商品的拜物主义特征及其秘密"
《资本论：一个政治经济学批判》
第一卷，第二版，1873年

p.11 商品拜物主义可能是马克思对资本主义经济批判思想中最著名的理论。在他（未完成）的巨著《资本论》中，他将资本主义视为一种生产方式（mode of production），商品拜物主义无疑是分析中最直接、最引人入胜的观点。正式出版的《资本论》文本长达2000页。大多数人熟悉一些拜物主义概念。然而，资本主义文化（在色情、时尚杂志和广告）中最常见的拜物主义形式是性拜物主义：对身体、对象或物质的特定部分的癖好（fixation of desire），如脚、鞋子、毛皮或橡胶。在资本主义文化中，一种宽泛的弗洛伊德式的、心理—性的拜物主义概念已经流行起来了，而马克思的商品拜物主义概念通常被与之混淆。[1]（在某些文化研究中尤其如此。）有一种趋势认为马克思的商品拜物主义同样关于癖好，只不过关于另一种对象——商品：对商品所有权的欲望投入。但这并不是马克思对商品拜物主义的解释。

线索就在《资本论》相关章节的标题中："商品的拜物主义特征及其秘密"。马克思的解释没有将拜物主义视作主体的一个心理条件——该主体的欲望改变了特定对象的意义——而是关于商品本身的拜物特征，一种特殊的对象。具体而言，其拜物特征的"形式"是商品形式。在马克思看来，商品形式（commodity-form）是"商品的价值形式（value-form）"，商品不是一种物理实体（physical entity），而是一种价值（C1, 90）。因此，马克思所说的商品拜物主义不是指个体消费者对特定商品的拜物。这是一种"一旦作为商品被生产出来就依附于劳动产物的拜物主义"。它源于社会生产关系与资本主义生产方式的一般特征。（对于马克思来说，资本主义社会的商品生产奠基于雇佣劳动的盛行。）另一方面，我们称之为消费者拜物主义的东西是历史上最为特殊的消费品流通制度的一部分，而——关于一整套"商品美学"装置的——广告、设计与展示是其核心。马克思的概念更具普遍性，还涉及更多的社会基本性解释。

为了理解马克思的商品拜物主义思想，我们需要搞清楚两件事。首先，当某事物"作为商品被生产出来"时涉及什么？其次，马克思的商品拜物主义"类比"中的关键是什么？这个术语在19世纪中期的使用语境是什么？

马克思在《资本论》第一章的末尾"商品"中考察了商品拜物主义，他的讨论依赖之前的分析。要理解商品拜物主义，我们必须首先熟悉马克思将商品解释为资本主义社会财富的"基本形式"。商品看似简单，但马克思承认这是《资本论》中对于读者"最困难"的部分（C1, 89）。马克思对商品的分析也许是他最伟大的思想。他首先指出每个商品都兼具一个"使用价值（use-value）"与一个"交换价值（exchange-value）"。（这就是为何一个商品远远不是"自明"与"琐碎"的东西，而是奇怪、棘手或令人迷惑不解的东西。）使用价值是能满足人类需求的属性，例如我们可以想要购买商品。交换价值是一种商品相较于其他商品定量度量的价值。交换价值使得产品成为商品。作为商品被生产出来就是为了交换（exchange）被生产出来。商品生产就是为了交换而生产。

马克思进一步分析指出，在商品生产中劳动也有两种或"二重性"特征。马克思称之为"具体劳动（concrete labour）"与"抽象劳动（abstract labour）"，分别对应作为劳动产物的商品的使用价值与交换价值。具体劳动指生产特定类型的对象所必须的特定技能与训练：例如，用木头制作桌子必需的锯、刨和锤子。另一方面，抽象劳动指一般意义上的人类劳动力（labour-power）在商品生产中的消耗。马克思认为，只有当劳动还原到这种单一的同一性质时（single homogeneous quality），具体劳动才会具有可度量的可比较性，他们的产品才可用来交换货币。正是作为抽象劳动的来源，劳动力（labour-power）本身才被商品化。抽象劳动的立场就是交换的立场。物理时间（chronological time）是马克思抽象劳动的计量单位。在这种解释下，生产一种商品所需的"社会平均"时间是它与其他商品关系的度量标准。这是马克思的劳动价值理论，但此处不是我们要关心的。

我们关心的是，在最基础的意义上抽象劳动对商品的社会存在的影响。根据马克思，当劳动力在商品生产的过程中，作为商品被工资购买的是劳动者生产交换价值的能力而不是使用价值，被工资购买的是交换价值。当然，使用价值也被生产了，因为没有什么东西可以在缺乏使用价值的情况下被交换，但商品生产的真正目的是交换价值。使用价值仅仅是物质载体。更具体地说，商品生产的真正目的是大于整个生产要素的交换价值，即"剩余（surplus）"价值。在售出后，剩余价值实现为利润。简言之，这就是马克思的商品经济学。

p.14

马克思认为，商品之所以是一件"神秘"的事物，是因为商品拥有的交换价值赋予了它一些特性，这些特性既与商品的用途无关又与其可感的物质形式无关。当劳动产品作为商品突现时，是一件"感性（sensuous）"事物，同时也是"超感觉（supersensible）或社会的"。（马克思的德文原文更直接地表达了这里的矛盾。他称之为 *einsinnlich übersinnliches Ding*：字面意思是"可感的超感觉事物"。）既有明显可感知的特征，也有明显不可感知的特征。例如，一张桌子是"普通的可感物"，有特定的尺寸和形状，由某种木头制成。

另一方面，作为交换价值，表达了蕴藏于（embodied）一件商品中的抽象劳动与另一件商品中的抽象劳动之间的定量关系。这没有任何可感的、可知觉的物质特征。形而上学地讲，交换价值是*理念性的*（*ideal*）。马克思完全清楚这一点；早在《资本论》他就写道："原子难以进入作为价值的商品客观性……其客观性作为价值是纯粹社会性的"（C1, 138）。

马克思更进一步地主张，该"超感觉"面相通过价格来表达，只有商品的社会那一面才能显示；只有这样"私人劳动"才能将自身表现为社会总劳动的一部分（C1, 165）。生产商品所需的两种不同类型劳动的合作与依赖的具体关系是不可见的。在社会表达上是不可分辨的。然而在实践中它们编织了整个社会。另外，马克思的核心观点是，商品的超感觉性质——交换价值——看起来*就像*是对象本身"客观的""社会-自然的（socio-natural）"性质。看起来价值蕴藏于产品。

p.15

当我们看到一辆汽车、一台计算机或一台洗衣机，我们看到的其价格是可感的对象本身价值的表达，而不是蕴藏其中的劳动。我们不会去想这是谁生产的、谁组装的或在什么条件下完成的。在这个意义上商品"反映了人们劳动的社会性特征，这种特征是劳动产品本身的客观性特征"。人们之间的社会关系假定了事物之间关系的奇妙形式［马克思实际使用了"变幻无常（phantasmagorical）"］，这就是马克思将商品称为"社会象形文字（social hieroglyphs）"的原因。为了使它们的社会意义变得明显，需要专门的解释

（"政治经济学批判"）。商品是象形文字是因为其独特的拜物主义特征。

如果马克思隐喻之间的紧张关系可以参考——从拜物主义迅速发展至此的起源于16世纪一种西非现象的埃及学——则商品确实是一种非常矛盾、令人混乱的东西。当马克思主张在商品与其他商品的关系中商品是"颠倒（stands on its head）"的时候，事情就变得更加复杂了。颠倒——使某事物另一面朝上而头朝地——是马克思最喜欢用的隐喻，是对哲学唯心主义与宗教世界的比喻，因为对他而言，唯心主义不过是宗教表征的世俗版本。哲学上的唯心主义对待概念的方式与宗教思想对待超自然实体的方式一致：都是理念实体优先于物质实体（prioritize ideal entities over material one）。在该语境下，拜物主义看起来源自启蒙时期的宗教哲学。启蒙运动是18世纪的一场文化运动，提倡世俗化和理性与经验知识的力量来反对教权主义（clericalism）、迷信（superstition）与传统。在启蒙时期宗教哲学的术语中，拜物主义是一类"最初的（primitive）"社会实践，在其中，个体物质事物被归属或赋予了超自然力量而获得一种特殊的社会价值。这是宗教颠倒的一种历史与人类学特定形式。

从启蒙运动的视角看，拜物主义是一种独特的前现代现象，因而是非理性现象。拜物主义是马克思用来概括产生幻象（illusions）的事态的一系列术语之一，所有这些术语都来自将幻象归结为过去的启蒙运动话语。《资本论》同一章节的其他语词用来指称商品效应（effects of commodities），例如"魔法""巫术""神秘面纱"与"迷信"。在马克思的著作中，这些术语通常与视错觉独特的现代隐喻结合在一起。例如，在早期著作中，马克思使用了暗箱（camera obscura）的意象，将意识形态描述为颠倒的世界。在上面的节选中，他唤起了魔术幻灯，一场主要由放映机制作的视错觉戏剧展览，1802年首次在伦敦登场。马克思认为，在商品形式的结构中有一种视觉技巧。这是一种在被理解后仍保留的"客观性幻觉"。

p.17这种对现代与前现代意象的结合是马克思关于资本主义著作中的一个显著特征。马克思利用哥特文学意象，将资本主义呈现为被一系列前现代形式秘密地占有。但不像哥特式，这些形式不是早期封建社会形式的残留或残余物，在现代性的表面下持续存在，潜伏在现代性的表面抑制着呼吸。它们是最进步的经济形式本身的结果：资本主义。这就是后来霍克海默和阿多诺在20世纪40年代提出的"启蒙辩证法"思想的雏形：将之推至极限，启蒙运动（在这里，商品生产是对自然物质的理性控制）本身被揭示出与神秘性（商品的拜物主义）息息相关。[2]

马克思首次将拜物主义作为批判性术语使用是在1842年的《莱茵报》（*Rhenish Times*），"木材盗窃法之争"的最后一段，那时他刚刚阅读了查尔斯·德·布罗塞斯的《论对拜物主义神的崇拜》，以及明确将埃及和西非进行比较的《古埃及宗教与现代黑人宗教比较》（1760年）。他可能已经熟悉了布罗塞斯的拜物主义概念，这一概念来自黑格尔去世后出版的《黑格尔的世界历史哲学讲演》（1837年），当时马克思还是柏林黑格尔派的一名学生。（爱德华·甘斯准备了这个版本，马克思曾参加他的课程。）黑格尔（1770—1831年）在他的非洲讲演中讨论拜物主义，利用非洲对拜物主义的——关键地、被随意选择地——屈从地位为非洲"不是历史世界的一部分"这种观点辩护，因为它没有展示运动或发展的逻辑[3]。

1757年，布罗塞斯创造了"拜物主义（fétichisme）"一词。他首先将该概念阐述为"最初的精神（primitive mentality）"与"自然（natural）"宗教实践的一般类型。他从16与17世纪西非沿海地区使用的混合术语（pidgin term）"fetisso"那里衍生出 fétiche（拜物）这个词。反过来，该术语又源于中世纪晚期葡萄牙语单词"feitico"，意为魔法实践或巫术。因此，拜物主义是一个典型的跨文化概念，是完全不同的社会与文化系统交融的产物：来自非洲血统、基督教封建主义与商业资本主义。这个术语有其贸易与交换上的起源[4]。

p.18

在他关于木材盗窃的莱茵法律的文章中，与黑格尔类似，马克思以一种直接的启蒙运动的方式使用了术语"拜物（fetish）"来批判莱茵河省议会"卑鄙的唯物主义（abject materialism）"，他写道：

古巴的野蛮人将黄金视为西班牙人的崇拜

物。他们为它举行盛宴，围着它歌唱并将之丢
进大海。如果古巴的野蛮人出席了莱茵省议会
会议，难道不会将木头视为莱茵省的崇拜物吗？
（*MECW* 1, 262-3）

  马克思认为，主导议会的莱茵河森林的所有者，不顾公
众利益将木材视作他们私人经济利益的象征。结果是，当涉
及关于盗窃木材的法律辩论时，他们没有注意到公众利益，
马克思相信议会作为一个政治团体应该代表公众利益。马克
思说道："森林所有者对其私人利益——木材——的癖好，
通过对一种特定物质对象和一种特定意识的不道德的、非理
性的，没有灵魂的抽象，奴性地屈从于该对象，而抛弃了所
有自然与精神上的区别。"

  这里是马克思在《资本论》的商品形式中对拜物概念的
使用的一个重要理论发展，他在一般商品的意义上使用，不
考虑其物质性质（不过，有趣的是，他在《资本论》中所举
的拜物主义的商品例子是一张木桌，这提供了与《莱茵报》
上那篇文章的一个隐秘联系）。他抛弃了之前拜物主义的一
个主要特征——武断的唯物主义（arbitrary materialism），将
之还原为更普遍的泛神论（animism），将生命灵魂或精神性
实体归属于非生命对象。在马克思对资本主义的解释中，被
崇拜的商品形式展现出一定的"运动与发展"（不像黑格尔
对非洲社会的解释）。更进一步，该运动内在于价值形

式——从商品到货币再到资本——承载着黑格尔辩证法的概念形式（黑格尔的辩证逻辑形式化了对变化的理解，将变化视为矛盾的产生与解决的过程。马克思认为价值形式以类似的方式发展，通过一种一般形式，从其等价与相对形式发展到货币的普遍形式），因而《资本论》中拜物类比的严格性远低于马克思早期更传统的用法。

另一方面，将拜物主义在交换中定位为劳动时，可以说马克思（不知不觉地）将该概念回归到其历史形成的社会语境中：葡萄牙商人与西非部落在16世纪相遇。拜物概念就是这次相遇的结果。葡萄牙人以之解释特定非洲部落对象令人费解的价值归属。在这方面，马克思在《资本论》中对之的使用刚好符合其建立的跨文化功能。商品拜物主义并不因为武断而成为一种低端的唯物主义实例（标准的启蒙运动关于拜物的观点），而是一种特殊的、新颖的、以物质为基础的社会唯心主义（social idealism）。这是某种"纯粹的社会"的结果——交换价值——尽管在抽象劳动中隐藏了自身的社会基础。因此它具有象形文字的特征，需要解码。相较之下，莱茵河森林的所有者对木材的拜物主义（保护他们的私有财产）背后的动机是显而易见的。这种差异标记了独特的现代社会拜物主义的资本主义特征与商品相关。

这些历史问题给马克思拜物主义概念的批判力量留下了什么？的确，马克思的分析，提出的问题与其解决的问题一样多。将拜物主义用作批判性术语，马克思把启蒙运动理念

p.20

应用于商品形式，通过科学知识使世界变得透明。类似地，象形文字的隐喻以其神秘或谜语般的特征，将商品形式确认为某些需要被诠释的事物，一个待解的谜。马克思说，资本主义社会难以抵达他们声称代表启蒙运动理性的理想，因为资本主义对其成员不透明。构成社会全部劳动的社会合作关系隐藏在产品之间定量关系的"面纱"背后。在这方面，商品拜物主义概念展现了资本主义试图成为理性社会形式的内在批判。马克思说，启蒙运动难以在资本主义内部产生，因为资本主义产生的社会幻觉是其"基本"社会形式——商品的结果。然而，这将社会的历史判断标准还原为其社会-经济结构的透明性，这一点在《资本论》的同一章节中也很清楚：

> 只有当人与人、人与自然之间的日常实践关系以一种透明且理性的形式呈现出来，宗教对现实世界的反映才会消失。以物质生产过程为基础的社会生活过程，直到成为自由联结的人们的生产，并处于他们有意识与有计划地控制之下时，才会解开神秘的面纱。（C1, 173）

换句话说，自由联结的人们有意识且有计划地生产，共产主义被认为是日常生活实践关系透明性的一个条件。在马克思的其他著作中，共产主义与自由更相关：由个体的物种潜能带来的发展与享受（见第6章）。但自由与社会透明性之间的关系仍未被探索。

　　社会关系的透明性仅仅是马克思用以对不同社会进行政治与历史判断的若干标准之一。当我们考察用作批判的商品拜物主义的力量时（不是马克思对资本主义研究中的分析性或诠释性范畴），其限度需要牢记在心。当马克思写商品拜物主义时，他不是在写对商品的欲望，而是对"知道"的欲望。

2

一种新的唯物主义（1）：实践

1

p.22

迄今为止一切唯物主义（包括费尔巴哈的唯物主义）的主要缺陷是，其客观性、现实性（actuality）、感性（sensibility）仅从对象（*object*）的形式或直观（*intuition*）的形式来理解；而不是从感性的（*sensible*）人类活动、实践、主观性的形式来理解。结果竟是，与唯物主义相反，能动（active）的那面由唯心主义抽象地发展起来——唯心主义自然不知道现实的、感性的活动。费尔巴哈想要感性的对象——真正区分于思想对象：但他没有将人类活动本身理解为对象性（*objective*）活动……因而他没有抓住"革命的"、实践性批判活动的意义……

6

费尔巴哈将宗教本质归结为人的（*human*）本质，但人的本质并不抽象地固有于每个人。在其现实性（actuality）上是社会关系的总和。费尔巴哈没有批判人的现实的本质（actual essence），因而不得不：

Ⅰ.从历史进程中抽象，将宗教情感视为某种自足的事物，假定了一种抽象的-孤立的（*isolated*）-人类个体。

p.23

Ⅱ.本质只能被理解为"类（genus）"、内在的、沉默的普遍性*自然地*（*naturally*）将诸多个体联系起来……

8

所有社会生活本质上是实践的（*practical*）。所有导致理论神秘主义的神秘物，都可在人类实践与对这种实践的理解中找到其合理的解决方案。

9

直观的（intuitive）唯物主义至多能做到观察单个个体与公民社会（civil society），该唯物主义没有把握住作为实践性活动的感性。

10

旧唯物主义的立场是公民社会，而唯物主义的立场是人类社会或社会性的人类。

11

哲学家只是以不同的方式解释（interpreted）
世界，但关键是改造（change）世界。

摘自"论费尔巴哈"，1845年

    "哲学家只是用不同的方式解释世界，但关键是改造世界。"马克思的"论费尔巴哈"因其结尾处愤怒地呐喊要改造世界而闻名。马克思对哲学家们很愤怒。通常，马克思批判哲学家的唯心主义。但这里，他愤怒于最新的费尔巴哈唯物主义概念。他愤怒于唯物主义——一个马克思联系于人类需求与利益因而联系于冲突与行动的思想——应该仅仅是"解释性的"。马克思在这里使用了德语动词*解释*（interpretieren），在音乐表演语境中常见，表演者解释乐谱；而不是更加哲学的术语*知性*（verstehen），与知性（understanding）有更强的联系。

p.24

    费尔巴哈通过强调人类在自然中的地位与世界对人类感官的"给予（givenness）"，赋予了唯物主义——在哲学传统上的教条是除了物质什么都不存在——一种人文主义变化。马克思的"论费尔巴哈"是新唯物主义概念的一个开始，超越了将世界视为一系列可感知对象的思想，聚焦于我们与自然的实践交互。马克思新唯物主义的目标不满足于按照世界呈现给我们的样子"解释"世界。其目标是使我们在理智上充分胜任改造世界的实践任务。这是马克思成熟思想的哲学基础。

1845 年春，马克思在布鲁塞尔草草写下"论费尔巴哈"，当时应普鲁士当局要求，他刚被法国定性为政治煽动者驱逐出境。在四十多年后通过马克思的朋友与合作者弗里德里希·恩格斯该文才作为马克思《路德维希·费尔巴哈与德国古典哲学的终结》（1888 年）的附录首次出版。在恩格斯的评论后，马克思的文本被熟知为《关于费尔巴哈的提纲》。但严格来讲，它不是一系列提纲，也并非主要关于费尔巴哈。该文的形式很重要——尽管本文形态随意——尤其因为给了我们一条线索了解其在早期德国浪漫主义的弥赛亚唯物主义中隐蔽的哲学渊源。在讨论节选的内容前，我将简要地为文本提供一个文学背景。

在文体上"论费尔巴哈"是一组"碎片"的集合，早期德国浪漫主义对该术语的界定是：短篇作品，"像一件小型的艺术品"，形式上"自身完整"，但在意义上不完整。这种不完整的意义赋予了它规划而不是已经实现的真理的状态。[5] "论费尔巴哈"的文学前身与其说是 1517 年被钉在威登堡（wittenberg）教堂门上马丁·路德的著名论纲，毋宁说是弗里德里希·施莱格尔 1798 年至 1800 年在《雅典娜》（*Athenaeum*）刊物上发表的文集。在这方面，马克思的文本更接近克尔凯郭尔和尼采（19 世纪晚期杰出的浪漫主义哲学，他们的格言拓展了碎片形式），甚至波德莱尔，而不是从中世纪的争论中发展出来的。这对与碎片有关的特定个体类型尤其如此，具有普遍性范畴的思想（"所有社会生活……所有奥秘……"）都被还原为水晶般精辟的命题（"……本质上是实践的……在……找到合理的解决方案"）。这些句子在其简洁性产生的一个封闭意象中移动，富有成效却神秘莫测——它们可以在惊鸿一瞥中被理解——其意义无限开放。这两种理解类型（形式完整和意义不完整）之间的运动被理解为产生了一种行动的冲动，因为理念的实现需要比概念性表征更多的东西。他们必须在经验的直观性和存在性维度中、在艺术中、在"生活中"、在政治中找到其他出路。这就是早期浪漫主义救世主的面相：这种前景关于可将哲学理念现实化的实践的前景——仅仅是一种前景、希望、视野，而不是一种经验性可辩护的信念。

该碎片（就像夹着它的笔记本）是一种独特的现代文学形式。对于早期浪漫主义而言，它是一种现代形式，小说就是这种形式的拓展变体。它既是一份反思性文本，也是对整个世界的一瞥。它通过对真理的主观意志以及一个对象性的、对其部分——其碎片地位正式的自我意识而获得真理。这本马克思死后出版的哲学笔记——未完成因而必然在形式上残缺——站在了哲学现代性的前沿。在这方面马克思的"论费尔巴哈"是对德国传统的贡献，该传统包括尼采的《权力意志》（1883—1888 年）、海德格尔的《哲学论稿》

（1936—1938 年）、本雅明的《拱廊计划》（1927—1940 年）和维特根斯坦的《哲学研究》（1929—1949 年），这些著作都占据着特殊地位，尽管（抑或更准确地说是因为）有些工作尚未完成，有些在作者生平没有发表。这些文本的理论内容密集，有时像谜一样，尽管如此，由于增补工作使之展现为一个整体，其不完整的形式变得重要起来。这本薄薄的"论费尔巴哈"令我们回顾，在哲学上将马克思的著作统一为社会的实践唯物主义（social materialism of practice）——用实践与社会概念替换费尔巴哈的唯物主义概念。该思想是我们需要理解的。

在马克思的笔记中，费尔巴哈的作用是为其重要论点作帮衬，他成了一个简化的辩论立场，一个原型化的稻草人。费尔巴哈的不幸在于，他在后人那里成了马克思评判理论的利器，在马克思从传统哲学转向历史、经济和政治研究的思想转型中做了代言人；在他自身而言，不过是宗教批评和哲学发展中的一个次要人物。[6]

关于马克思的文本首先需要注意的是，它似乎与传统唯物主义哲学教条没有什么关系：世界仅存在一个"实体（substance）"，其他事物（例如思想）都是该实体的属性。p.27无论马克思所谓的"对象或直观的"旧唯物主义还是实践的新唯物主义，都不是这种旧风格意义上的形而上学。这很重要，因为马克思去世后，恩格斯与后来苏联马克思主义者主张，马克思提出了一种新的传统哲学唯物主义，他们称之为

"辩证唯物主义（dialectical materialism）"，简称为"辩证（diamat）"。这结合了传统形而上学唯物主义与黑格尔的辩证逻辑（关于过程或变化的逻辑）。辩证唯物主义主张世界在根本上由"运动（matter in motion）"构成。一代又一代苏式马克思主义者被辩证唯物主义与其孪生兄弟——历史唯物主义，或"历史（histomat）"的固定教条灌输，历史唯物主义被认为是辩证唯物主义的"科学"伙伴，历史科学。[7]马克思的新唯物主义当然与运动（movement）有关，但这是一种主观上的运动，他称之为"感性的人类活动，实践"，而不是物质自然法则影响下的非人类的运动。这是一种哲学家称之为"主体"的唯物主义——即我，那个知道且行动之人——活动的原则。在"论费尔巴哈"中，马克思提供了关于该主体的一个新的哲学定义。

他通过借鉴、重组并赋予一套术语和概念新的用法来做到这一点，这些术语和概念源于伊曼努尔·康德（1724—1804年）的哲学，也在费尔巴哈的著作中发挥作用。在马克思的第一个片段中，"客观性（objectivity）""感性（sensibility）"和"直观（intuition）"的德国术语，都是被赋予了康德著作技术意义的日常语词，然后传入德国哲学传统。尤其是，马克思借鉴并改造了康德著名的对客观性的"主观性（subjectivity）"的重新界定。康德认为，知识的对象不应被视为某些完全独立于认知主体（我，知道之人）的东西。对康德而言，这在根本上是一个不融贯的想法，因为如果知识的对象完全独立于主体，它如何被知道呢？相反，康德认为使得知识成为可能是因为主体存在特定的共同心理结构（mental structures）。这种知识，虽然形式上主观，但只要这些结构被表明是所有知识普遍和必要的元素，就具有客观上的有效性。康德认为这些结构类型包括空间、时间和因果性。对康德来说，这些结构是人类对世界的可理解性（intelligibility of the world）的贡献；它们以一种理解存在的方式内在于我们（主体）之中。它们并不独立于我们存在。

马克思对以往一切唯物主义的攻击与康德视知识为主体认知活动的产物一致。当马克思写下"与唯物主义相反，能动的一面由唯心主义抽象地发展起来"时，他承认了这种联系。然而，与康德不同，马克思没有将主体（我，知道与行动之人）的活动从主体的感性或感觉中分离出来。在这方面，康德将人类的知性（understanding）与理性（thinking）二分。对康德来说，感性总是被动的（passive），直观的（intuitive）。然而，马克思认为活动（activity）本身就是可感的——唯心主义将活动限制为思想，"自然不知道"。马克思关于康德主观性转向（将主体的活动视为知识的核心）的实践性衍生，涉及对康德与费尔巴哈共有的一个概念的否定：可感的被动性（passivity of sensible）。这就是马克思所说的 p.29
"感性仅被视为对象形式或直观形式"的"旧的"唯物主义概念。

在这方面，"论费尔巴哈"的第一个片段打破了"主体"

与"客体"这对概念组合的通常理解，自从笛卡尔（1596—1650年）以来，知识理论就建立在这对概念的基础上。该理解将主体从表征中分离，从其仅仅是知识主体的限制中分离，重新界定为"可感的"活动或社会实践。法国哲学家艾迪安·巴利拔这样总结："主体是实践的……*主体就是实践，实践总是已经开始并无限持续下去*"。[8]我们现在能够理解马克思认为费尔巴哈"没有掌握"的"实践-批判"或"革命"活动的意义：这是对人类主体性本身的实践特征与变革（transformative）特征的表达。换句话说，对于马克思而言，进行"实践-批判"或"革命性"的活动不是一种偶然或反常的事业，而是作为人的一部分。

新唯物主义者将人类主体重新界定为可感的实践（作为人类感性存在的实践性活动），而不被关于对象的知识界定，这对传统哲学中人类本质的概念有深远影响。因为人的本质或同一性现在必须被视为分配所有人之间的关系，而不是"抽象固有于每一个个体中"（即所有人共有的东西），"内在的、无声的普遍性*自然地*联合了许多个体。"这就是马克思说的"实际上它是社会关系的合成（the ensemble of social relations）"。正如巴利拔指出，马克思在这里使用了法语术语"合成（ensemble）"，很可能是为了与哲学上层次完整的含义保持距离，如德语术语全部（totality，*Totalität*）和整体（whole，*Ganze*）。合成更像是流动的关系网。

人类不再被视为由一种共同的自然本质所联系起来的完

p.30

全不同的个体的集合，这种自然本质无声地固有于每个个体。这是旧唯物主义的观点，相当于公民社会的观点，不过是竞争着的个体之间作用关系的合成。新唯物主义接受"人类社会或社会性人类"的关系这一立场。具有讽刺意味的是，它是关系性的因而是"理想（ideal）"的社会特征，令马克思的思想超越以往所有旧唯物主义：既包括传统形而上学关于"事物（matter）"的唯物主义，又包括费尔巴哈的更具康德主义的"直观对象（object of intuition）"的唯物主义。对于马克思而言，社会不是一样东西（thing）；而是不断变化的结构化关系网。

令人沮丧的是，一个不断变化的关系网如何被包含在"唯物主义"的观点中，马克思的这些片段没有解决这个问题。他只是强调了人类实践的可感性特征。但它们是社会性的仅仅因为它们必须关联而不是因为它们感官上的物质性。马克思的实践概念（"可感的人类活动"）仍然是抽象的。没有告诉我们社会关系本身如何被解释为"物质"。解释被推迟了。然而，"论费尔巴哈"的片段给我们留下了新旧唯物主义之间明显的概念对立。这一系列论辩对立最好用图表来表达。图表能刻画两种思想线路的不同。

旧唯物主义	新唯物主义
消极的（passive），可感性	可感的-人类的活动
直观（sensible intuition）	对象性活动=实践

对象（the object）	主体
抽象	具体
孤立个体	社会关系
自然的（natural）	社会
公民社会	人类社会/社会性人类
事物（matter）	社会的物质性

这一系列对立构成了最后第11个碎片的基础并赋予其意义："哲学家们只是用不同的方式*解释*世界，但关键是*改造世界*。"

第11个片段提到了难以捉摸的"'革命'意义"，第一个片段以"实践-批判活动"结束。如果使主体成为人的活动兼具"可感"与"对象性"，就会改变对象世界。因此作为人类存在，不仅仅是去知道、居住与生存在世界上（旧唯物主义的观点），而是去改造世界。"革命性""实践-批判活动"是直接*专门*（specifically）针对改造世界的。这是一种反身性的变革性实践（reflexively transformative practice）。我们应避免在知性（understanding）与改造世界之间择其一而归属马克思。然而，哲学家们只是解释世界。仅从"对象或直观"的观点而非实践来解释，所以他们对世界的解释是错误的。另一方面，改造世界兼具人类活动和来自知性的恰当视角的观点（*telos*, end）。

改造的视角揭示了人类是一个不断变化的过程。人类的联合不是被给予的而是必须被生产出来的。此外，从改造的视角（而不从保存或简单再生产的视角）看人类活动，就是历史性地看待人类活动。马克思在几个月后明确地提出了这种联系，也就是 1845 年 11 月，在《德意志意识形态》的第一部分中，他回到了费尔巴哈的论点（就像他在片段中总结的）："由于费尔巴哈是一个唯物主义者所以他不考虑历史，就像他考虑历史时不是一个唯物主义者。其唯物主义与历史完全分离。"（*MECW* 5, 41）通过阐明新唯物主义的历史特征，马克思为衍生出新的历史概念奠定了基础，在该过程中也完成了他的新唯物主义概念。

3

一种新的唯物主义（2）：历史

　　所有人类历史的第一个前提是自然地活着的人类个体的存在。因此首先需要确认的事实是，这些个体的物理组织以及由此产生的他们对自然界其他部分的关系……所有历史性作品必须从这些自然基础并通过人们的行为而改变的历史进程出发。

　　可以根据意识（consciousness）、宗教或任何你有的特征将人类从动物中区分出来。人类生产他们的生存资料（means of subsistence）的开端，以其物理组织为条件的一步，就是将他们从动物中区分出来的开端。通过生产生存资料，人类间接生产他们的物质生活。

　　人们生产生存资料的方式，首先依赖于他们实际已有的与不得不再生产的生存资料的本性。这种生产方式必须不仅仅从个体物理再生产方面加以考察，还要从这些个体活动的确定形式加以考察，一种表达他们生活的确定形式，一种他们确定的生活方式。个人怎样表达其生活，他们就是怎样的。因此，他们是什么样与其生产、生产什么、如何生产是一致的。因此，个体是什么依赖于他们生产的物质条件……

因此第一个历史行为是生产生存资料满足[生存（existing）]需求，生产物质生活本身。的确，这是一个历史行为，是所有历史的基础条件，就像数千年前一样，仅仅为了维持人类生活就必须每时每刻被满足……

第二种需求是对第一点需求的满足，已经满足的行动与工具导致新的需求；而这种新需求的创造是第一个历史行为……

第三种关系从一开始就进入了历史发展，每天重新创造自己生活的人们开始繁衍其他人，延续同类：男女关系、亲代关系、家庭关系……社会活动的这三个方面并不理所当然地构成三个不同阶段，而只是三个方面，或者让德国人明白，从历史的开端和人类诞生之初就同时存在的三个"时刻（moments）"，直到今天仍然在历史上占据一席之地。

摘自"唯物主义与唯心主义观点的对立"
《德意志意识形态》，1845年

p.35

马克思的第一个哲学创新是通过一个"主体性"面相与"可感的人类活动"或"实践"来改变关于世界的旧唯物主义概念，这种旧唯物主义概念将世界视为被感知的实在对象。然而，在"论费尔巴哈"中，马克思没有指出人类活动的可感维度或物质维度是如何被理解的。这涉及联合人类个体的"社会关系"（而不是"自然本质"），但这些关系本身是"物质"意义上的，它们在人类活动建构中的角色没有被讨论。马克思对其新实践唯物主义的首次表述是不完整的。就像是他将"主体"（活动）概念与"社会"（关系）概念简单加在了以对象为基础的旧模型上，几乎是加法算数意义上的，没有对它们的相加提供任何基础，也没有研究其内涵。马克思的新唯物主义（而不是唯心主义的增强版费尔巴哈唯物主义）涉及一个概念拓展，在1845年春仍不清晰。马克思与恩格斯合作的《德意志意识形态》的第一部分澄清了这一点。1845年夏天，他们从英国旅行回来几个月后，就开始研究在布鲁塞尔难以获得的英语经济著作。

《德意志意识形态》是马克思与恩格斯第一部真正合作的作品。一年前1844年8月底，恩格斯到访巴黎待了10天，他们就开始合作了。然而，这次访问的最终成功是联合工作，《神圣家庭》或《对批判性批判主义的批判：反对布鲁诺·鲍尔公司》（1845年），对抗布鲁诺·鲍尔和其同伴，是由部分个体组成的。恩格斯在短暂的十天中写完了他的部分。另一方面《德意志意识形态》是一个密集的联合创作过程，马克思负责最终定稿。

《德意志意识形态》之所以著名，首先因为它是"历史唯物主义（historical materialism）"的奠基性文本，其次因为它"被遗弃在老鼠的尖锐批判之下"。它本来的出版商，威斯特伐利亚企业家朱丽叶斯·梅耶（Julius Meyer）和鲁道夫·伦佩尔（Rudolph Rempel）在1846年夏天手稿已经在印刷时撤回了他们的资金。也许是因为他们发现自己的政治立场（讽刺的是他们的立场被马克思与恩格斯视为"真正的社会主义"）在文本中遭到了严厉批评。也可能是因为出版这本超过500页的书（2/3的内容是对当代作家马克斯·斯特内尔的一本书进行评论）看起来不再是有吸引力的冒险。不管怎样，到1846年7月，梅耶和伦佩尔都声称他们的钱用在了别处。[9]恩格斯在马克思去世后的遗物中重新发现了这份手稿，并在自己后来的著作中大量引用了它。"那时我们是勇敢的魔鬼，"他在1883年6月给马克思的小女儿劳拉的一封信中，重读了更具论辩性的一章，"与我们的散文相比，海涅的诗歌就像孩童般纯真。"（*MECW* 47, 30）全部文本直到1932年才在莫斯科出版。到20世纪60年代中期，《德意志意识形态》已经成为法国哲学会考（一项针对教师的全国性竞争考试）的固定文本。最近，《德意志意识形态》的开篇部分"唯物主义者与唯心主义观点的对立"成了英国哲学A级考试大纲的一部分。

马克思愿意放弃尝试出版手稿的理由是他的主要目的已

p.36

经达到："自我澄清"。在《德意志意识形态》中，物质利益的概念——马克思为了《莱茵报》在莱茵河省议会辩论时首次意识到了其重要性，这促使他学习政治经济学——与"论费尔巴哈"中的实践概念结合，完成了马克思的新唯物主义概念。

马克思唯物主义概念发展的第二阶段，广义地说是"经济（economic）"阶段。大众的印象是，马克思主义与经济学联系在一起，与之相对应，唯物主义术语的日常意义很大程度上是贬义的，关乎物质需求与欲望的即时满足。这就是资本主义社会被描述成"唯物主义"的意思，例如，由于日常生活中生产和消费的经济需求占主导地位，其他更具精神性和伦理规范的社会权威相应降低。然而，《德意志意识形态》对"唯物主义面貌"的解释没有采取任何传统意义上的经济学论文的形式。如今，学院与大学里经济学的一般教学只关心特定社会（资本主义社会）的非常狭隘的经济活动特征（"市场行为"）。另一方面，在马克思的著作中，人的生活的经济面相被视为人类社会存在的基础。为了寻找社会关系的生物学基础，马克思将人类实践与传统哲学关于"事物"的唯物主义重新联系，因为有机生命可能被视为特定有机体的产物。然而，通过将自然本能与需求仅仅视为社会关系的基础——而不视为它们原有的内容——他保留了实践的首要地位（primacy of practice），这是他在"论费尔巴哈"中的断言。马克思唯物主义的核心就在于经济的"自然"和"社会"面相之间的联系。人们认为，正是这种关系的活力催生了历史。因此，马克思的唯物主义通常被称为"唯物史观（materialist conception of history）"。的确，《德意志意识形态》第一版手稿的第一部分的开头是："我们知道的唯一的科学，历史科学。"马克思的新唯物主义概念将他引向了历史而不是任何学科意义上的经济学。紧接着的一段话表明，这确实是一种拓展——包罗万象的历史概念：

> 可以从两个方面看待历史，并且将历史区分
> 为自然的历史与人类的历史。然而，这两个方面
> 是不可分割的；只要人存在，则自然的历史与人
> 类的历史互相依赖。[10]

我们的节选从一个新的人的自然-历史的定义开始。而不是寻找一个特定属性（或一组属性）将人类从其他动物中区分出来——就像，如果将动物视为对象，那么就追随了旧唯物主义路线——马克思重新表述了这个问题。这变成了一个人在历史上根据什么区别于其他动物的问题。马克思的回答是，"一旦开始生产他们的生存资料（means of subsistence）"，人就将自己与其他动物种类区分开来。马克思将经济视为人的一个本体论（ontological）范畴［"本体论"是对存在或所是（being or what is）的系统性研究］：生存资料的社会生产就是生产人本身。该假设认为，其他动物与自然的交互方式是直接的（immediate）、新陈代谢的（instinctual metabolic），然而，在生物物种的发展过程中，当生存需求开始被一种新的方式替代，即通过社会合作（social co-operation）改造自然，生物物种就最终成为了"人（human）"。马克思认为，将人类从动物区分出来的所有其他属性（例如意识、宗教、语言、理性等）的根源在于这一更基本的，实践的、自然的、历史的特征。

这一定义是"自然-历史的"，因为关注到了一个行为——生产——*同时*是自然的与历史的。在"活着的人类个体"的"物理组织"的前提下，以及它们在自然意义上的生存资料的优先直接性——需求与需求的满足上——这是自然的。社会生产工具满足这些同样的需求可视为"第一个历史行为"——这是历史的。马克思将需求视为联结"众多人类个体"的社会关系的物质基础。这就是"论费尔巴哈"在解释实践唯物主义时的缺失。但这不是这些社会关系唯一的"物质"内容。这不仅是*什么被生产*的问题，而是*如何被生产*的问题：社会合作同样有物质内容，即生产工具或手段。在任何特定历史时期与社会政权形式下可获得的工具与组织生产的社会合作方式，对人的身体在生产过程中的时空加以了限制。它们将"物质内容"赋予社会生产关系，而且会与之发生冲突。马克思认为，正是这种冲突推动历史运动。

在《德意志意识形态》一书中，马克思在"论费尔巴哈"中介绍的新的实践唯物主义概念经历了一个复杂的发展过程。其主要概念"可感的人类活动，实践"，首先被还原为最基础的形式"生存资料的生产";其次，在一个复杂的现在被界定为"人"的关系结构中将之分解为"自然""社会"与"历史"三个方面。其中最困难的是历史概念。如果"历史"比简单的时间流逝有更具体的意义，诸如从自然中突现，那么实践必须有超越其自然条件的时间逻辑。必须是不同于自然时间的社会行动的时间：一个关于过去、现在与未来的时间，以及一连串简单的瞬间。行动的时间性是叙事性的事件时间，由涉及人类主体的死亡预期来限定和赋予意义。另一方面，自然的时间不关心人的生死。[11]

p.40

马克思人的历史面相这一概念难以理解，理由之一是他对"第一个历史行为"有两种完全不同似乎矛盾的描述。这使其未能发表而仍然以手稿示人（也许已经到了印刷商那里，但马克思与恩格斯没有证据）。但这仍没有解决问题，而且是不必要的。将这两种描述放在一起解读会更有意义，在它们的矛盾的统一中，将二者视为对同一行为不同方面的描述。当马克思写道，第一个历史行为是"生产满足这些（生存）需求的资料"，他可以说这是人的第一个社会行为：该行为使得人作为新物种从自然中脱颖而出。但他还没有具体说明这种存在独特的"历史"特征是什么。该论证的要点是，人类的社会面向是差异性因素（differentiating factor）。生产的社会特征将人与自然的关系从其他动物中区别出来。

只有在"第二点中"，才引入了一种独特的历史时间性。

马克思认为，以新的"满足手段（一些社会工具）"满足
"首要（生存）需求"会导致"*新需求*"：首先是对这些新手
段（例如工具）的需求。这些"新需求的创造"是第一个历
史行为。第一个历史行为导致生产资料的生产的更新——马
克思后来称之为社会再生产（social reproduction）。任何社
会的主要生产形式之一都是生产资料的生产——今天，生产
其他产品首先需要生产机器。马克思的语法是混乱的（从来
没有收到最终版本的手稿），但这里只有一处有问题。"满足
生存需求的资料的生产"与"创造新的需求"指同一行为的
两个维度，由于生产满足生存需求的新资料创造了一个（之
前不存在的）对这些资料的需求。新需求的创造将一个具体
的*历史逻辑*引向了之前仅仅是*社会*的人的概念，因为引入了
一种新的社会度量方式：人的需求的发展与相适应的生产
力。对马克思而言，成为人就是创造新的需求。历史是一个
人的需求以及与之适应的生产力不断拓展的过程。

　　"论费尔巴哈"完成了从人的自然主义概念向人的实践
与社会概念转变。《德意志意识形态》将人的实践与社会概
念发展为经济与历史概念。经济是历史的本体论内容：新需
求的生产。就像马克思说的那样，反驳他所谓历史上"德国
人"将政治与宗教优先的倾向：

　　　　……在人的需求与生产方式之间存在着一种
　　　唯物主义联系……就像人一样古老。这种联系总

以新的形式出现，展现了一段"历史"，它无关任

何政治或宗教上的呓语，该历史将人团结起来。

"唯物主义联系"的第三个也是最后一个社会面相，涉及马克思关注的支配物种的繁衍、生育或家庭关系。从历史上看，这一维度首先出现，因为它最初在"史前"物种的自然基础上发展起来。马克思写道，自那时起家庭"就仅是一种社会关系了"。然而，"当需求增加创造新的社会关系，而人口的增加又创造了新需求"，家庭成为一种"从属（subordinate）"关系。"（它）必须根据现有的经验数据来处理与分析，而不是根据德国习俗中的'家族概念'。"因此，尽管家庭的起源是"自然的"，但家庭是一种历史形式，随着经济关系的变化而变化……证据来自不断变化的育儿与生活模式的统计数据中，从中可明显看出今天资本主义社会的安排。

所以，马克思对人的自然-历史的定义同时也是对人的社会-历史的定义。在人的生命中，生物需求的获得新的社会满足对象。正如马克思在摘要后的段落中指出：

生命的产生，包括个人的劳动与繁衍新生命，现在表现为一种双重关系：一方面是自然关系，另一方面是社会关系——社会关系是若干个体合作的意义上，无论在什么条件下，无论以何种方式、何种目的。由此得出，一个确定的生产

方式或者说工业阶段，总是与特定合作方式或社
会阶段结合，该合作方式本身就是"生产力"。
更进一步而言，人们在特定社会情境下可通达生
产力的聚合，因此，"人的历史性"必定总在工
业与交换的历史关系中被研究和对待。

马克思的唯物主义没有导致历史决定论——该思想主张历史
事件有着充分的原因，因而不在实践上而在原则上可预测。
这不是自然主义——它没有将历史视为受自然法则支配——
尽管有着自然主义元素。相反，物质条件（自然与社会）限
制人行动的可能性范围。马克思的唯物史观提供了一个理论
方向，在历史进程中构建经验性研究，并对研究结果进行修
正。但事实是，构成"可感的人的活动"的社会关系有着导
致社会与历史可能的解释的物质内容[12]。

　　另一方面，马克思在《德意志意识形态》中讨论的实践
类型同样有着更"纯粹"的社会面相，有独特的意义，不可
归结为自然与社会功能，这些功能衍生于被相关主体经验到
的方式。马克思将实践称为对确定"生活方式"的"表达"。
此处，他在唯物主义历史概念中表达了浪漫主义思想。他的
经济学概念是一种历史人类学。这是待定的"生活方式"表
达其自身的方式（manner），特别是涉及对它们自己的错误
表征，这被意识形态概念所掌握。（意识形态是歪曲社会的
观念系统，与特定社会实践有着内在联系。）对于这一时期

的马克思来说，德国哲学是德国的意识形态，因为它是德国文化（歪曲）表征世界的主要手段——通过压抑其"物质条件"。然而，等到他开始写《资本论》，国家已不再作为相关的分析单位，而用抽象的经济形式本身作为分析单位，马克思得到了一个更为残酷的结论：商品形式就是它自己的意识形态。产生歪曲本身的社会形式是商品功能的一部分。这就是其拜物特征。这类论证彻底还原了马克思与恩格斯在《德意志意识形态》中以大部分篇幅追求反对"空想家（ideologues）"的论辩类型的政治意义。如果存在一套独特的思想来辩护需要批判的*现状*，这在哲学中难以找到；毋宁说它是政治经济学本身的论述。

4

政治经济学批判：异化

政治经济学来自私有财产（private property）这一事实，但没有解释。它将私有财产在现实中经历的物质过程放进一般性的、抽象的公式，然后将这些公式视为规律。它不理解这些规律，也就是说，它没有表明这些规律如何从私有财产的性质中产生出来。政治经济学无法解释劳动与资本的分离以及资本与土地的分离……

（我们）必须掌握私有财产、贪婪、劳动分离、资本与土地财产、交换与竞争、人的价值与人的贬值，垄断与竞争之间等的本质联系——这是整个异化（estrangement）系统与货币系统之间的关系……

我们从当前的一个经济事实出发。工人生产的财富越多，产品在力量和数量上越增加，工人就越贫困。工人生产的商品越多，就越成为廉价的商品……

这一事实仅意味着，劳动生产的对象，即劳动的产品，作为某种异己（*alien*）的东西，作为一种力量独立于生产者，站在了劳动的对立面上。劳动产品是劳动固化（embodied）并且物化（made material）在对象中，是劳动的对象化（*objectification*）。劳动的实现就是其对象化。在这些经济条件下，劳动的实现表现为工人现实性的丧失（loss of reality），对象化表现为对象的丧失和被对象束缚，占有表现为异化（*estrangement*）、外化（*alienation*）……

政治经济学通过忽略劳动者与产品之间直接的关系揭示了内在于劳动本性的异化……但异化不仅表现在结果上，还表现为生产行为，表现在生产活动本身。如果不是因为在生产行为中工人异化了自己这一事实，工人活动的产物如何成为异己的东西而面对工人呢？毕竟，产品不过是活动、生产的总结。所以如果劳动产品外化，那么产品本身必定是能动的外化（active alienation），活动的外化，外化的活动。劳动对象的异化不过是概括了异化，劳动活动本身的外化……

现在，我们必须从已经讨论过的两个特征中

p.46

得出异化的劳动的第三个特征。

人类是类存在（generic-being），不仅因为在实践上和理论上——都将自身与其他事物——视为自己的对象；还因为——这仅是同一事情的另一种说法——将其本身看作现实生存着的类（genus），因为将其本身看作一个普遍的因而自由的存在……人类的普遍性在实践中表现为将整个自然变成人类无机的（*inorganic*）身体，（1）作为生命的直接资料，（2）作为物质（matter）、作为对象并作为其生命活动的工具……

p.47

异化的劳动因而将人类的类存在——自然与人类的精神性类力量——变为异己的存在与个体存在的资料。这将人类从其身体、外在的自然、精神性本质、人的本质中异化。

人们从其劳动的生产中异化的一个直接结果是，其生命活动、其类存在从其他人中异化……每个人都从其他人中异化，每个人都从人类的本质中异化。

摘自《1844年经济学哲学手稿》

政治经济学（或者当时普鲁士的叫法"国家经济学"）是马克思那时的经济科学。今天通常被称为经济学的是19世纪70年代在欧洲发展起来的新古典经济学的变体。新古典经济学聚焦于若干狭义假设中的个体性市场行为，这些假设关于来自政治直观的经济活动的独立性——所谓的自由市场。然而，政治经济学的范围要更宽泛。它包括财富的哲学定义、价值理论、剩余（surpluses）的积累与分配，对促进积累必要的政治管理，以及一个关于历史进步的经济理论。

马克思在1843年底开始研究政治经济学，原因是他对黑格尔的政治哲学的批判，尤其是黑格尔的政治哲学对于发展有效的激进-民主政治的不充分——这是马克思当时关注的焦点。这些批判促使马克思在1859年《政治经济学批判》前言中给出著名结论：

p.48

> 通过所谓人类心智（Geist）一般发展本身或其基础，法律关系与政治形式都难以被理解；相反，它们源于生命的物质条件，黑格尔效仿18世纪英国与法国思想家，将其纳入"公民社会（civil society）"术语中。对公民社会的剖析必须从政治经济学中寻求。（MECW 29, 262）[13]

政治经济学成为马克思解开政治秘密的关键。

然而，政治经济学建立在现有经济形式（"私有财产的事实"）之上——这种新的资本主义生产形式出现于16、17世纪的欧洲，在英国工业革命期间得到发展。的确，政治经济学的主要目的是通过论证其一般性社会利益而为*辩护经济体系*提供便捷。政治经济学假设工人除了自己的劳动之外对生产资料缺乏所有权，这与马克思的平等主义（egalitarian）政治目标冲突。所以在转向政治经济学来分析公民社会时，马克思不仅研究公民社会，还批判公民社会。

马克思对政治经济学最初的研究是一种双重操作：对其展开鉴赏与批判。恩格斯1843年秋的一篇文章"政治经济学批判大纲"使马克思获得了批判灵感，他这篇文章寄给了马克思，发表在他当时在巴黎创办的期刊《德法年鉴》（*German-French Yearbook*）上。然而恩格斯的批判或多或少是政治性的——他将政治经济学描述为"一门完全发财致富的科学"（*MECW* 3, 418）——形式上不过是一种图式（schema）。马克思追随恩格斯聚焦于工人在生产过程中的地位，但他通过重申最广泛的人的意义上的劳动概念，为这种方法增加了关键的哲学深度。通过将政治经济学术语转化到该语境下，马克思能够通过奠基于雇佣劳动的经济对外化（alienation）的产生做出批判性解释——一幅关于"整个异化系统"的资本主义经济学图景。

马克思对外化的解释，将关于雇佣工作的外化特征的直觉（谁不会对自己的工作感到某些程度的陌生？）结合于复杂的哲学分析与来自黑格尔众所周知的难懂的词汇。更具体地说，马克思阐述了异化与丧失的四重意义来解释生产资料中"私有财产的事实"。这是一项不小的任务。由于我们与其精神背景以及马克思使用的术语之间存在历史距离，今天想要理解它变得更加困难。在英语中理解它尤其困难，因为这实际上有两个德文单词。在18世纪一个英语单词"alienation"翻译这两个德文单词，两个词各自抓住了其独特内涵。[14]在"alienation"概念的历史与其在黑格尔哲学中的角色上有必要离题一下，这对我们阅读马克思的这一节选是必要的。

英语中"alienation"的基本意思是"制造陌生或他者的行动"（来自拉丁语 *alius*，他人 *alienus*，另一个或另一个地方）。在近代早期，它主要应用于权利的转让。例如格劳秀斯（1583—1645年）的自然法契约理论中，它指的是一个人将主权转让给另一个人，以换取稳定的社会秩序的利益——将p.50主权转让给君主。后来，在政治经济学中，它指的是主要（但不完全）以购买与出售的形式将财产从一个人转移到另一个人。正是这两种不同语境之间的差异，产生了德语中这两个不同语词之间的差异。在自然法理论的语境中，有失去的消极内涵，放弃或疏离（estranged）原有的自由。这被德文 *Entfremdung*（源于 *fremd*，alien）把握。"*Entfremdung*"最初用来意指偷窃和精神力量的丧失，意思是昏迷或麻木，但逐渐用来表示人与人之间更一般性的异化（estrangement）。今天在英语中它通常被翻译为"estrangement"。另一方面，在政治经济学语境中（在这里商品交换被认为是等价物的交换，因而没有损失），异化有着更中性的意义，某样事物通过剥离（divestiture）或出售成为"外部性的"。因此使用了德文

Entäusserung，意为 "外化（externalization）"（来自 *ausser*，outer 或 external）。

黑格尔继承并重新统一了这两方面的语义遗产，通过将其纳入他的思想来描述一个过程，在该过程中我们只能通过在对象中外化（externalization）或自我外化（self-alienation）来认识我们自己。对于外化（externalization）你可以理解成 "对象化（objectification）"：该过程是主体以对象的形式，作为其活动结果而确证自身的过程。用马克思的话说，"产品仅仅是活动与生产的结晶"，而且，我们可以补充，产品总是在劳动分工条件下对主体的确证，是一个集体性主体，马克思后来称之为 "工人集体（collective worker）"。所有人类活动在该意义上是对象化的：对象作为人类活动的一部分结果被赋予意义。

p.51

对于黑格尔来说，这种外化（externalization）是一种异化，因为意识（在黑格尔看来，意识是理想化活动）只以一种对象的形式，作为结果来认识自身。然而，对于黑格尔来说，该异化仅仅是漫长过程中的一步，通过这个过程，意识最终会认识到，它自身作为主体是在其对象的差异性（otherness）中作为主体。黑格尔称这一瞬间为 "在绝对差异中的绝对的自我认识"，这是其思想的顶峰。在这里无须关注，我们将在第6章讨论共产主义（communism）时再回到这里。

马克思的创新是将外化（alienation）的规范性定义——

外化与丧失——转化到政治经济学语境，而在黑格尔对象化思想的基础上，外化有更为中性的意义。在黑格尔的术语中，工人在其劳动产物中"对象化（objectify）"自身。工人在劳动活动中（labouring activity）才作为工人存在，无论在农业工作、工厂工作还是在商店或呼叫中心工作。这些工作的产物表征了我们主要的生命活动，然而，我们个人可能很少关心这些产物或对它们感到依赖。马克思主张这些对象化立场作为异己的东西、作为一种"独立的力量"与我们"对立"。因为我们在社会意义上因私有财产的事实而与它们分离：在雇佣劳动的条件下（工人与生产条件分离，因为他们被他人私人占有），工人对他们生产的东西没有所有权。这些产品拥有一种力量，因为它们以价值的形式体现了生产它们的劳动力。在资本主义经济中，价值是衡量社会力量的尺度。这就是为何马克思说"劳动的实现（realization）表现为工人现实性（reality）的丧失"。产品对于生产它的工人而言没有现实性，因为产品一旦生产出来就与工人没有任何关系了。

p.52

　　这就是马克思外化劳动（alienated labour）四个面相或特征中的第一个——产品的外化（alienation of the prod-uct）——根源于雇佣劳动这一事实。马克思从外化劳动开始他的批判是因为这与私人财产联系最明显——工人并不拥有他们自己生产的产品。这也是最直接对应黑格尔的对象化解释结构。但无论是在存在意义上还是在理论意义上，这都不是最重要的。外化劳动的第二个特征是活动的外化（alienation of the activity），这比产品的外化更基础：毕竟，"产品只是活动的结晶"，在一段时期内出卖我们的劳动力，我们放弃了这段时间内决定我们活动的目标与目的的权利。在一定范围内，你难以自由决定你在工作时做什么。包括目标与实现手段都是外部强加的——由代表生产资料所有者利益的经理、主管或工头施加。这是最直接存在的外化形式：对劳动活动本身失去控制。外化是工人最容易产生反抗的形式，是最容易导致组织和斗争的形式。因此，工会主义在资本主义劳动过程的结构中扮演着不可或缺的角色：工会是我们"不自由"程度的谈判者。

外化（alienation）和自由的关系在马克思讨论外化劳动的第三个方面得到了最清晰的讨论：工人的外化来自他们作为人的"类存在（generic-being）"。费尔巴哈的人作为类存在的思想是马克思外化理论的第二个哲学来源。正如马克思通过将对象化放在私有财产的语境下转译黑格尔的对象化概念，同样的，马克思从劳动的角度转译费尔巴哈作为类存在的人的概念。

尽管，费尔巴哈保留了黑格尔的理性主义信念——人有着一种特殊的力量，思想的普遍性力量，但他将人视为本质上自然的与感性的（而非理念的与精神的）存在。费尔巴哈只是想从自然主义而不是从精神的角度来看待这种力量，因此他认为这是这类物种的独特之处。对于费尔巴哈来说，人是一种"类存在"，因为人是具有类的（普遍性的）自然存在物种——因而也将自己的物种特征——作为思想与活动的对象。这给了费尔巴哈的作为精神外化形式的宗教一个自然主义解释。对于他来说，宗教是人类物种的本质力量在虚构与超自然存在上的虚幻投射。

在前面章节看到，对于马克思来说，劳动是人类特有的活动。因此，不像费尔巴哈从自然主义的角度将人类活动看作"类存在"，马克思将之看作社会性的，将人与自然其他部分交换的产物与资料同样看作社会性的（马克思对费尔巴哈的批判已经隐含在前一年的"论费尔巴哈"中了）。在马克思那里，劳动体现为人的普遍性的实践来源："这种本质使得整个自然界成为人无机的身体"。此处劳动在两个方面是一种普遍性形式。首先，将自然——原则上整个自然——视为"直接的生活资料（direct means of life）"，人赖以生存的自然环境没有预先限制。其次，在劳动中人将自然视为自己生命活动的"物质、对象与工具"。（科学是这种生命活动的精神形式，人类的"精神性"类-力量的发展场所。）对马克思来说，人与自然之间有着一种准新陈代谢（a quasi-metabolic）意义上的相互作用。其普遍性并不先于这种相互作用而是相互作用的结果。因而人类的普遍性是其活动的对象。人的普遍性奠基于人类实践的历史过程。人处于一种不断*超越*自身的状态。这可概括为人作为"活的类（the living genus）"。

此外，这种与自然的交互关系是如此紧密、如此亲密，

p.54

以至于自然是人身体的"无机"的延展。在劳动中，自然是人类的假肢（prosthesis）。根据该思想，马克思预见了最近关于人类使用技术成为半机械人（cyborgs）的争论。机器像我们的肉体一样，作为我们身体的一部分与自然关联，因此看起来像是一类"仿生程序（wetware）"。作为社会生产的劳动概念从根本上拓展了人类概念，将整个自然界视为人"无机的身体"纳入进来。在外化于（estranged from）我们自己的活动的同时，我们也外化于这些涉及我们的工作的被更加拓展的人类形式。

最后，在阐明工人从其产品中、生命活动中以及类存在外化的关系之后，马克思推出，我们同时也彼此陌生。这是我们（作为工人）从自己的活动中外化的直接结果，由于该活动是社会生产的活动。从我们自己的活动中外化，从我们自己的社会中外化，也就是说，通过参与劳动集体而从所有自由地与他人相处的可能方式中外化。我们不过是成为个体（private individuals），对社会生产的贡献不过是被经验为"个人存在的手段"。在资本主义社会中常见的社会生活私有化在这里被追溯为私有财产本身。

马克思向我们展示了四种相互关联的外化形式，这些形式都从雇佣工作最基础的特征中来，在今天仍然很普遍——事实上，今天比马克思时代更普遍。这是一种惊人的、精湛的理论表现，兼具诊断性、批判性与解释性。随着马克思对政治经济学后续研究的深化，其批判的理论形式也随之深化——尤其是在《资本论》中发展了"价值"概念。但马克思在精致化的人的新概念中，从来没有完全抛弃他的第一个批判的哲学形式。在这方面，马克思精神工程的驱动力不是"历史唯物主义"（更不是单纯的"经济学"）而是"政治经济学"批判。1859 年，马克思研究政治经济学的第一本书被命名为《政治经济学批判》，而《资本论》的副标题是"一个政治经济学批判"。严格讲，对马克思来说在该意义上这些不是经济学而只是批判。

5

哲学的狂欢

在哲学的历史上存在着各种关键节点，将哲学上升为具体（concretion），将抽象原则理解为整体，因而打破直线运动过程，同时也存在这样的时刻，哲学不再为了理解而睁眼看外部世界，而是作为一个实践的人，与世界勾心斗角，从阿蒙提斯（Amenthes）的透明王国中出现，扑向塞壬（Siren）世俗的怀抱。这就是哲学的狂欢节（carnival of philosophy），无论哲学将自己伪装成一条狗，像犬儒派那样，像亚历山大人那样穿着祭司长袍，还是像伊壁鸠鲁者那样披上芬芳的春装。重要的是哲学应该戴上面具。传说中，杜卡里翁（Deucalion）创造人类的时候向后扔石头，所以当哲学决心创造世界的时候，则向后扔自己的眼睛（其母亲的骨头是发光的眼睛）。但

就像普罗米修斯（Prometheus）偷了天火开始建造房屋并定居于地球，哲学扩展到了整个世界后就起来反对现象世界，现在的黑格尔哲学正是这样。

摘自"笔记六"

《关于伊壁鸠鲁的哲学笔记》，1839年[①]

这一章从"狂欢节"（1839年），即上面的节选，考察了 p.57 马克思早期观点的发展，从批判作为一种哲学实现到革命（1843年），即下面的节选：

然而，*彻底的*（*radical*）德国革命的道路上似乎存在一个主要困难。

因为革命需要一个被动（*passive*）因素，一个物质基础。理论在人们身上实现，仅当其作为人类需求的实现时。但是，德国思想的需求与德国现实的回答之间的巨大差距，能否被公民社会与国家以及公民社会与其自身之间相应的差距所匹配？理论的需求会立即成为实践的需求吗？这对于思想成为现实是不够的，现实本身必须面向

[①] 中译版编排在了"笔记五"，详见《马克思恩格斯全集》，第四十卷，"笔记五" [M]. 北京: 人民出版社, 1982年, p135.——译者注

思想……

那么德国解放积极的（*positive*）可能性在哪里呢？答：一个被彻底的链条束缚的阶级，一个不是公民社会阶级的公民社会阶级。一种解体所有等级（*estate*）的等级［立场（*stand*）］，一个由于受到普遍苦难而有着普遍特征的领域，该领域不要求特殊权利（*particular right*），因为其犯下的错误不是特殊的而是一般性的；它不再主张一个历史主题而是主张一个人的主题；它不是对后果的片面反对，而是对德意志国家前提的全面反对；最后，该领域是一个这样的领域，除非将自己从所有社会领域解放出来——因而解放——所有社会领域，否则难以解放自身，换句话说，人类的完全丧失（*complete loss*）只能通过人类的完全重建来恢复（*win*）自己。这种社会的解体，作为一种特殊的等级就是无产阶级（*proletariat*）。

无产阶级在德国由新兴的工业运动发展起来……

无产阶级宣布原有世界秩序的解体，不过是宣布了自身存在的秘密，因为事实上他们就是世界秩序的解体。无产阶级要求否定私有财产，不过是否认已经上升为社会原则的、社会未经无产阶级同意的、已经作为社会消极结果的已确立的［无产阶级的］原则……

当哲学在无产阶级那里找到了它的*物质武器*，无产阶级就在哲学那里找到了它的*精神武器*。一旦思想的闪电深深击中这片淳朴土地上的人们，德国人就会解放为人类……

这种解放的大脑是哲学，心脏是无产阶级。哲学的现实化离不开无产阶级的消灭（supersession），离开哲学的现实化无产阶级难以消灭自身。

摘自"黑格尔法哲学批判：导言"，1843年

马克思的所有著作都与批判主义或批判的概念密切相连。在这方面，马克思追随德国启蒙运动的康德主义传统。康德在《纯粹理性批判》（1781年）中写道："我们的时代是真正的*批判*时代，一切都必须服从批判……因为它的功用，再没有什么比它更重要，再没有什么比它更神圣，以至于免于这种不尊重人的搜查与审查。"[15]同样的，在1843年秋的一封信中，马克思概述了他为一本新期刊制订的计划，他写道："我们目前必须完成的目标就更加明确了……对所有*存在*进行无情的批判，无情有两层意思，既不害怕它产生的结果，也不害怕与权力发生冲突。"（*MECW* 1, 144）对于青年马克思来说，这些批判是哲学变得具有实践性因而变得"现

p.59

实"的手段。然而，虽然马克思的批判概念建立在启蒙运动的基础上，但与康德的不同，因为马克思的批判概念从更具历史性的黑格尔主义哲学中发展起来。

对康德与黑格尔来说，批判的标准都是"理性（reason）"。但他们对理性有不同的解读。对康德来说，理性是一种自主的（autonomous）人类能力（faculty），具有"永恒不变的法则"。理性拥有独立于经验建立一定数量真理的理论力量。在哲学上，批判涉及运用理性而建立（理性）自身合法性的边界。换句话说，批判首先通过理性对理性进行批判。它有苏格拉底式的维度，是理性的*自我知识*。然而，理性要求的实践性实现——例如，言论自由——对康德来说是一个更复杂的问题，因为它取决于特定公众的"成熟性（maturity）"。[16]

另一方面，对黑格尔来说，理性是历史固有的一种力量。理性不仅仅是一种人的能力，还是实在（reality）本身可理解的一面。在著名的《法哲学》（1821年）序言中，黑格尔写道："理性的（rational）就是现实的（actual），现实的就是理性的。"黑格尔否定了非理性与不可理解的现实性。在他看来，非理性的东西可能*存在*（*exist*），但不是"现实的"，在某种意义上，它不参与历史运动；仅仅是偶然事件。这是一个困惑但又至关重要的区别。对黑格尔来说，实在（reality）（*Realität*）由现实（*Wirklichkeit*）与存在（existing）或偶然的事物组成。哲学的任务是*在实在中把握理性*，因而是现实的。历史判断的最终标准是理性完全现实化

（actualizaton of reason）。黑格尔称之为"理念（idea）"。这等同于自由的实现（realization of freedom），因而也就是作为发展过程的历史终结。该理念被弗朗西斯·福山当作美国资本主义的成就在20世纪90年代复兴并推广开来。[17]

将"实在"与"现实"的区别应用于历史，使得黑格尔将历史看作理性成为现实的过程。在世界历史的任何特定时刻，在该场景中，理性可以被判断为已经达成了特定发展阶段，体现在其社会制度的合理性中（黑格尔称之为"对象性精神"）。在该场景中，批判（用马克思的话说）是"通过理念来衡量特定的现实"（*MECW* 1, 85）。

当18岁的青年马克思1836年10月来到柏林大学学习法律时，黑格尔去世还不到五年。尽管黑格尔派在普鲁士学术机构的力量在1832—1834年的政治作用后开始衰弱，但其影响力仍然无所不在。《黑格尔文集》的第一版正在出版过程中。爱德华·甘斯，一个马克思参加其法律讲座的人，当时正在编辑黑格尔的《历史哲学讲演》，该书于第二年（1837年）年出版。因此毫不奇怪的是，马克思在给父亲的信中描述了"一种与哲学搏斗的冲动"，他要搏斗的应该是黑格尔的哲学。

一开始，马克思对黑格尔体系中"怪诞而崎岖的旋律感到厌恶，这种自给自足的巴洛克（baroque）形式主义系统远离生活。"然而，在浪漫主义精神下，他仍然寻求从对法律研究材料的组织中找一个综合性视角。他试图在艺术与科学

p.61

之间创造一个自己的哲学话语形式，但失败了，他发现自己投入了"敌人的怀抱"（*MECW*, 1 10-21）。这个敌人就是黑格尔和哲学本身。黑格尔哲学是马克思诗意愿景的敌人，也是马克思的父亲对其儿子法律生涯期许的敌人。就哲学是束缚父母野心的敌人而言，这个特别的敌人成了马克思的朋友。

1833年黑格尔去世后，黑格尔派哲学家分裂成两部分，代表了相互竞争的政治判断。保守的、右翼的或正统的黑格尔派认为普鲁士社会现有制度对于代表理念的自我现实化而言，确实是充分理性的。他们因此在政治上支持。另一方面，激进的、左翼的或批判的黑格尔派认为现存制度没有达到黑格尔理念的理性形式的概念。因而他们批评其非理性。这种批评在1840年弗里德里希·威廉四世建立了严格的国家审查制度后进一步加剧。该政权挫败了马克思的学术职位计划并导致马克思所编辑的报纸《莱茵报》关闭。在一段时间内（1840—1844年），马克思是新一代在政治上更彻底的左翼黑格尔派，也被称作青年黑格尔派。

这一章的节选取自这一阶段的头尾。首先概述了马克思历史需求概念的是，在黑格尔之后哲学应该成为政治性的——揭示了马克思对这一过程中矛盾的独特认识。其次阐述了马克思的临时解决方案，哲学作为"对所有存在的批判"，如何"直接"成为政治性的，从而可以改变社会世界。

《伊壁鸠鲁哲学笔记》包含了马克思博士研究的笔记。这篇论文表面上的主题是"德谟克里特与伊壁鸠鲁自然哲学的区别"——古希腊思想史上的停滞不前。然而，马克思的哲学议程是当代性的：在一个"完整的"哲学之后，如在黑格尔哲学之后，哲学如何继续进步？这种联系体现在对黑格尔哲学与亚里士多德哲学的历史境遇的类比上。在回顾亚里士多德之后的希腊哲学之后，马克思找到了在黑格尔之后解决哲学问题的方案。对于马克思来说，亚里士多德与黑格尔代表了"节点"，在这些节点上，哲学通过"从总体上理解抽象原则"，即通过对作为一个整体的知识的各个要素之间的相互联系提供一个系统的解释，而变得"具体"。这些哲学是哲学正常历史发展的中断，假定了哲学通过具体原则以零敲碎打的方式向前发展。

这个类比本身不是原创的，因为黑格尔曾认为自己是——他也确实是——现代的亚里士多德。亚里士多德在《形而上学》中对以往希腊哲学的概括是黑格尔历史哲学的模型。马克思的原创性是将之延伸到自己的时代，作为探索黑格尔之后哲学如何继续发展的诊断工具。

马克思认为，在亚里士多德之后哲学"拓展到整个世界"（也就是说在思想中将世界反映为一个整体），与"表象的世界相反"。在完全的思想中哲学不再满足于仅仅了解世界，但通过限制思想使得哲学受挫——哲学成为"一个实践的人"并且"卷入世界的纠葛之中"。它屈服于塞壬的诱惑，塞壬的呼唤令其作为纯粹的思想从阴暗的存在中脱颖而出，加入人的世界。（阿蒙提斯王国是埃及神话中的哈迪斯王国，

p.63

死后灵魂去的地方。）马克思认为，哲学在这样的时刻想要做的是，按照自己的形象重新创造世界来弥合自身与世界的鸿沟。其目标是*实现自己*，使得自己真实。对马克思来说，在这一点上，实现化（realization）的手段是批判。批判是"*哲学直接的实现化*"。（*MECW* 1, 85）

显然，这既是一个哲学唯心主义项目又是一个政治唯心主义项目。它设定了一个理想的并且由世界调整自身来适应它的需求。例如，马克思在 1842 年 10 月引人注目地写道，思想的统治性力量高于大众政治：

> 我们坚定地相信，真正的危险不在实践性尝试而在共产主义理念的理论阐述，对于实践尝试，甚至大规模的尝试，一旦他们变得危险，可以用大炮回应；而征服我们的理智并且占据我们心智的理念，束缚了我们良知的理念，人们不可能不通过打碎内心而摆脱枷锁；它们是恶魔，人类只有屈服于它们才能战胜它们。（*MECW* 1, 220-21）

这些纯粹意识形态冲突的实践中介是新闻业。马克思认为新闻业是"世俗哲学"。尽管他对理念的力量持有乐观态度，但在当时，他很清楚这种启蒙运动的批判概念的主观性与片面性。如果理性与世界不同，对立于世界，那么理性与世界必定有某种不充分或局限性——也就是说，与世界相对立的理性概念必定仅仅是主观性的。但马克思认为，在黑格尔之后这不可避免，因为黑格尔哲学是"全面的"。

有几个原因可以解释为何马克思将这些时刻描述为整个哲学的狂欢节。首先，它们是哲学正常发展过程中的周期性中断，就像狂欢节是日常生活的中断一样。其次，就像狂欢节一样，它们涉及从权威（在这些例子里，是亚里士多德和黑格尔哲学的权威）中解放。最后，在实践中，在对社会世界的干预中，整体哲学被迫站在某一边，在持续的社会冲突中认同一个特定的政党，从而戴上特定社会特征的"面具"。就像狂欢节的面具一样，这些批判-哲学的面具是扭曲或颠倒的权威形象（哲学权威）。追求普遍性的哲学只能以伪装成特定性质出现在真实中。这是它们在这种时候的根本矛盾。

马克思的第一个例子是犬儒派的第欧根尼（Diogenes），他认为哲学就像一条狗。（"锡尼克"一词源于希腊词"*kúon*"，意思是"狗"。第一位犬儒主义者是第欧根尼，绰号是"*Kúon*"，因为他公开在市场上手淫，以表明人类的幸福通过满足最简单的自然需求来实现这一哲学观点。）马克思认识到当哲学以这种方式变得具体时，哲学在现实世界中的实现"*依然是哲学的丧失*"。（*MECW* 1, 87）——通过将这种普遍性还原为主观性，哲学丧失了*绝对*普遍性，因而是片面的形式。有趣的是，马克思在这里以一种疯狂的神话隐喻的方式表达了一切。他对作为全部哲学而成为实践的与片面的的黑格尔主义的所有描述是浪漫主义式的，这不仅仅是字面术语上，也

p.65

是哲学上的。它展示了一种矛盾固有于系统性或"完整"哲学理念的浪漫主义。

面具的形象通常与尼采而不是马克思联系在一起，但面具在马克思的著作中反复出现，最著名的出现是在《路易波拿巴的雾月十八日》（1852年）的开篇。这些面具的出现是作为"世界-历史的巫术过程"的一部分：

> 路德戴上使徒保罗的面具：1789—1814年的革命交替出现罗马共和国与罗马帝国；1848年的革命在某些时候是对1789年革命传统的拙劣模仿，在另一些时候是对1793—1795年革命传统的拙劣模仿。

在1852年，面具呈现为被历史借用的手段，反映革命形象中的弱点，一种"对过去的迷信看法，一种将悲剧变成闹剧的重复模式"。（*MECW* 11, 103-4）这是因为那时马克思相信他已经无须借助面具来解决哲学为何像世界那样的表征问题（哲学的普遍性与社会世界的特殊性之间的鸿沟）。这就是无产阶级在第二个节选中的作用。或者，我们可能会好奇，无产阶级真的会成为哲学的终极面具吗？

马克思未完成的《〈黑格尔法哲学批判〉导言》的"导论"是一个非凡的文本。这本书写于1843—1844年秋冬之际，马克思开始在巴黎生活，该文本既总结了他的思想又果断超越了他之前的任何著作，用了许多令人吃惊有时又自相矛盾的方式。就此而言，这在很大程度上是他自身发展的一个节点。根据他最近对政治历史的研究（1843年5月—10月的《克鲁兹纳赫笔记》），他在巴黎第一次与德国流亡社会主义组织（German émigré socialist organization）接触，马克思将他早期作品中矛盾的线索融合成一个紧张的、格言式的、先发制人的统一体，充满了新的矛盾和思想方向。这本书比马克思之前的理论著作（聚焦于普鲁士作为一个欠发达的欧洲国家的特性）更具历史针对性，尽管在其文本最终的政治胜利号角中，也是其最具思辨与影响力之处的论述是预言式与迷狂式的。

令人惊讶的是，鉴于这是一篇政治文本，"导论"涉及一个对《伊壁鸠鲁哲学笔记》中关于哲学如何实现的系统性反思。这是一个很好的例子，说明马克思思想的统一性部分源于他对早期未出版文本的不断修改。越是彻底挖掘马克思著作的文本细节，就越能看清马克思不断地与自己对话——回到旧手稿和笔记中，不仅是为了获得灵感与参考，还是意象和短语的来源，文本本身就很重要。该思想的第一个版本为马克思提供了新闻批判概念，即"世界性哲学"。新版本为其政治思想提供了理论基础。现在哲学的实现需要无产阶级消灭自身（self-abolition）：通过这一行为，无产阶级在解放（emancipating）自己的同时也消灭了作为一个阶级的自己。这个新概念的特点是，代表知识分子批判的实践主张出

p.67

现了彻底的紧缩。马克思现在主张德国的条件"低于历史水平"，因而"在任意批判之下"："批判本身不再以目的本身出现，而只是一种手段。其基本情感是*义愤*（*indignation*），其基本活动是*谴责*(*denunciation*)。"（*MECW* 3, 177）哲学不能仅靠批判来实现。马克思转而聚焦于"面向思想"、面向理性的现实要素，在德国启蒙运动传统中，他继续将之理解为自由的基础。

马克思在无产阶级中发现了这些要素，不是因为他们是劳动阶级（这是一个完全不同的论点，后面他将在其他地方使用），而是因为他们是*被排斥*的阶级，没有财产的阶级，并且在当时德国确实没有政治代表的阶级。用无产阶级这一术语来形容社会最底层阶级，源于古罗马。无产阶级是罗马公民，他们对国家的贡献除了繁衍后代没有别的（这个词来自拉丁语 *proles*）。这一思想在18世纪中期法国大革命前纳入现代政治，马克思在政治历史上的最近研究使得他熟悉这一语境。通过将之转化为德国语境，马克思彻底拓展了无产阶级所声称的社会与政治角色。

这段节选认为，对于被社会排斥的政治激进主义与乌托邦来说，无产阶级既是他们的象征又是化身。其论点所产生的政治影响远远超出了与马克思主义联系在一起的工人阶级政治：女权主义、反殖民主义，黑人民权运动、反精神病学、囚犯组织、原住民运动——事实上，20世纪下半叶激进的左翼运动中，每个运动都提出了政治主张，这些主张的基础是它们被排斥出这种或那种社会认同之外的普遍意义。

马克思认为，正是由于德国经济和政治不发达，才使无产阶级成为"一个带有激进锁链的阶级"。在描述无产阶级时，马克思在现代（经济）阶级概念和封建（政治）财产概念之间摇摆不定，这是经济政治不发达的症状。马克思在描述德国无产阶级的矛盾处境时，既称之为"不是公民社会的公民社会阶级"，又称之为"消灭所有财产的财产"。它是公民社会的一个阶级（*die bürgerliche Gesellschaft* 字面上是"资产阶级"社会），因为它是资本主义经济的一个重要组成部分。它不是公民社会的一个阶级，因为公民社会超越了经济，它既包括司法部门（物权法），也包括经济利益的政治代表，无产阶级被排除之外。

德国无产阶级是"一种瓦解了所有阶级的阶级（estate）"，因为对马克思而言，这是一种*特殊*的社会力量（一种阶级），由于体现了排他性原则而体现了一种*普遍的*利益（因此终结了阶级区别）。因此，德国无产阶级是苦难的化身，是披着消极外衣的普遍人性的化身。对马克思而言，1843年，这在德国制造了无产阶级哲学理性的潜在的物质载体（或"心"）。哲学与无产阶级是对立而互补的普遍性形式：分别是理念的与物质的。正如无产阶级承诺为哲学提供批判所缺乏的物质力量一样，哲学承诺为无产阶级提供对其自身普遍性的意识。无产阶级要实现哲学，就必须意识到自身的历史角色，将其消极的普遍性（苦难）转化成人的新的积极形

p.69

式。在这点上，马克思称之为解放。很快，它将会变成共产主义。

在该论述中，哲学和无产阶级的讽刺性最终不亚于博士论文笔记中节选的神话形象。但是，如果马克思在这里预见了革命是另一场哲学狂欢，那么在这场狂欢的关键时刻，其中一名参与者会撕下所有面具，揭示每个人背后共同的人性，从而结束这场狂欢。

6

共产主义

　　共产主义者的理论可以概括为一句话：消灭私有财产。

卡尔·马克思与弗里德里希·恩格斯
《共产党宣言》，1848年

　　如果不将对立理解为劳动与资本之间的对立，则无产与有产的对立仍然是一种无关紧要（indifferent）的对立，没有从其能动的（active）关系、内部关系上理解，没有从矛盾（contra-diction）来理解……劳动，作为排斥财产的私有财产的主观性本质，资本，作为排斥劳动的客观性，在其矛盾关系的发展中构成了私有财产

（*private property*）：驱动解决矛盾的一种充满活力的关系……

在其普遍性（*generality*）上理解这种关系时，共产主义（1）最初的形式只是这种关系的普遍化与完成……物质财产的支配是如此凶猛，以至于它威胁摧毁一切不能被每个人视为私有财产而占有东西。物理的、直接的占有是生命和存在的唯一目的；工人（*worker*）这个范畴没有被消灭而是扩展到全人类；它想要以一种暴力的方式，从天赋等中抽象出来。

私有财产关系仍然是社会与事物世界的关系；最终，这场以反对一般私有财产来反对私有财产的运动被表达为反对婚姻（无可否认是一种排他性的私有财产形式）的野蛮形式，用共妻制来反对婚姻，妇女成为公有的共同财产（*communal and common property*）。有人可能会说，这种共有妇女思想是完全粗鄙和无思想的共产主义未被揭示的秘密。正如妇女从婚姻走向普遍卖淫，整个财富世界（即人类的对象性本质）也要从私人所有的排他性婚姻关系转向整个社会的普遍卖淫关系。这种共产主义，就其否定一切领域内人的个性而言，不过是私有财产的一贯表现，私有财产正是这种否定。普遍嫉妒（*envy*）本身

构成了一种力量，是贪婪（*greed*）以另一种方式
自我确证与自我满足的隐藏形式……粗鄙的共产
主义不过是在预想好的最小化基础上从这种嫉妒
与欲望的顶点降下来……他有一个确定的、有限
的度量。通过对整个文化和文明世界的抽象否
定，回到无需求的贫穷的人们不自然的简单生
活，他们不仅从未超越私有财产阶段，甚至从未
达到。这种对私有财产的废除（abolition）究竟
在多大意义上是一种现实占有呢……

因此，第一次扬弃（positive abolition）私
有财产——原始的共产主义——不过是私有财产
之邪恶的一种表现形式，想要将自己树立为积极
的社会。

（2）共产主义（a）仍然是一种政治上的本
性，民主的或专制的；（b）废除国家，但本质上仍
然不完整且受到私有财产影响，即人类的异化
（estrangement of humankind）。在这两种形式
中，共产主义已经知道自己是人类的重整或回归，
是对人类自我异化（self-estrangement）的扬弃；
但由于它还没有理解私有财产的积极本质与人类
需求的本性，它仍然被私有财产俘虏与污染。虽
然已经理解了私有财产概念，但没有理解其本质。

（3）共产主义是对作为人类自我异化的私有

p.72

财产的扬弃（positive supersession），因此是人类对人本质的现实的占有；因此是对人类本身作为一个社会的完整回归，也就是说，人的人类（human humankind），一种有意识的并且保存了之前发展的所有财富的回归。该共产主义，作为完全发展了的自然主义=人道主义（humanism），作为完全发展了的人道主义=自然主义；它是人类与自然矛盾的真正解决，也是存在与本质之间、对象化与自我确证（self-affirmation）之间、自由与必然之间、个体与种类之间矛盾的真正解决。它是历史之谜的解答，并且知道自己就是这个解答。

摘自《1844年经济学哲学手稿》

共产主义是马克思思想的核心政治思想。它不是一个狭隘的政治观念，而是具有哲学和历史意义的社会观念。事实上，马克思和恩格斯将共产主义者与其他左翼团体区分开来的一个方法就是共产主义者承认"仅仅是政治革命的不足"和"全面社会变革的必要性"（恩格斯，1888年《共产党宣言》英文版序言，*MECW* 26, 515）。因此，为了理解马克思的共产主义概念，我们必须从其哲学核心开始，分辨其历史意义，最终得到更多具体的政治意义。

p.73

马克思思想的政治意义通常被其与苏联社会主义国家的联系所影响。[18]"马克思-列宁主义"成为主流运动的官方意识形态,马克思关于共产主义的观点与"共产主义"的政党的原则与政策相融合。马克思的共产主义概念主要不是指一种特定类型的政党,而是一个没有阶级对抗、没有阶级的社会,正如《共产党宣言》所言:"每个人的自由发展是所有人自由发展的条件"。在这个意义上,第4章讨论的异化是其对立面。共产主义是一个去除异化的社会。如我们已经看到的,马克思将外化理解为源自"私有财产的事实"。理解共产主义思想的关键是对私有财产的否定。

有两件事需要澄清:马克思所说的"私有财产"是什么意思,以及在构建某种事物(共产主义)概念作为对另一事物(私有财产)的"否定"时都涉及了什么。对后者的解释需要稍微偏离辩证法这一棘手的话题。尤其是,我们需要理解辩证的扬弃(supersession)范畴,因为马克思的共产主义概念是对私有财产的扬弃。

私有财产比辩证逻辑更容易理解,但比想象中复杂一点。如马克思指出的,一般财产不是问题所在。在"一般"中没有财产关系,历史中具体社会的财产形式才是问题所在。这是资产阶级排他性意义上的私有财产,因而问题是所有权的*让渡*(*alienable*)有争议——完全不同于封建财产,例如,它不能让渡(不能出售),但代表子孙后代持有,并且赋予了特定权利给当前的"所有者"。马克思也不关心个人日常用品的所有权问题。他关注的是生产资料的所有权问题，因而是获取生存资料的方式，因为这决定了社会权力的分配，因而是一个社会的基本特征。这就是为何马克思认为"无产和有产"之间的对立通常是"冷漠的"。在应用于资本主义社会时，它掩盖了而不是揭示了真正的对立，即劳动和资本之间的对立。

马克思在《1844年经济学哲学手稿》中的文字是高度浓缩的，需要一些阐释。马克思所说的"劳动"指雇佣劳动阶级，即资本主义社会的绝大多数人。但劳动者不是完全没有财产。劳动者自身就是财产，去劳动的能力，以及为了再生产劳动力所需的日常消费品。例如，后者在今天西方资本主义社会通常包括房子。私有财产看起来是一个普遍化条件，一些人比另一些人拥有得更多。看起来，不平等似乎是一个纯粹的数量关系，以一般等价物货币来表达不同人拥有"多少"财产的问题。然而，马克思认为，这种看待事物的方式隐藏了一种更根本的质的差异，以人们的所有物将社会区分为不同阶级：一方面是劳动力与消费品（工人），另一方面是生产资料与其产品（资本）。对马克思来说，真正的社会、政治——或者补充一点，存在性的——私有财产的意义就在于这种社会划分，它内在于私有财产法律形式本身。

p.75

从这个角度看，马克思认为劳动的私有财产的限制形式（劳动力和消费品的所有权）事实上表达了将劳动者从其他生产资料所有权中*排除*。因此马克思的变量与矛盾形式是：

劳动是"排除财产的私有财产"。劳动作为私有财产涉及无产的具体形式。在马克思看来，由于劳动是私有财产的"主观的本质"，这尤为矛盾。马克思在这里所指的事实是，生产买卖的劳动活动——无论它们是产品还是服务。

另一方面，马克思称资本为"客观的劳动"，因为生产过程中聚集在一起的生产资料（原材料、机器、建筑物等）是过去生产的产品：因而是"劳动的客观化"或"客观的劳动"。然而，根据定义，劳动被排除在资本所有权之外。所以，资本作为客观的（后面马克思称之"已死的"）劳动是（后面马克思称之为"活的"）劳动的"排他性"。

马克思在这里对密集的、椭圆的和自相矛盾公式的偏爱不仅仅是一种修辞和美学上的自负——尽管它也是这些东西。它是概念还原的一种形式。他将一个理念归结为最根本的元素，并从它们相互依赖的角度研究它们之间的关系。这是一个分析过程，从内部复杂性和动态的实体两方面揭示概念。在这个例子中，主张私有财产是一种表面上直接的法律形式——事实上包括了两个社会要素之间的矛盾关系，劳动与资本，双方本身都有着一个内部矛盾结构。在这样一种检视的压力下，概念可以跳舞。在表演中重新编排舞蹈需要付出很大努力。但重要的是认识到，这些短语不仅是有力且有难度的，更是高度浓缩的论证。

马克思下一步的论证，以三种不同的"否定"私有财产的方式为基础，区分三种不同的共产主义概念。马克思所接受的、视为哲学上充分的只是第三种。他认为另外两种是不充分的概念，因为它们建立在不充分的私有财产概念上。它们所否定的事物只是部分地被理解。这里的否定概念是辩证的。在相互之间"内在地"关联的意义理解；这些关系要么是同一性要么是差异性。以一对概念为例：有产与无产。无产或缺乏财产是对有产的否定（形式上不是有产）。但这种否定内在于财产概念，就什么不是财产（一个潜在的无限集）而言，被排他性地界定，尽管对财产本身而言是否定的。这就是为什么马克思称该对立为冷漠的对立。通过无产（实践地，放弃所有权的道德行为——例如禁欲主义）来否定财产，对于马克思来说没有进步性的政治内容，因为它仍然保留了财产制度。这要么是一个单独的个人行为，要么是一种普遍的贫困，因为没有替代现有的生产和产品分配制度。马克思所说的"原始的共产主义"犯了相反的错误：它描述了这样一种情形，私有财产普遍化，属于每个人，属于集体。

　　上述节选的政治优点是明确表达了马克思反对"原始的共产主义"。他的反对主要有两个方面：一是反对原始的共产主义削弱社会常见的私人所有制形式；二是原始的共产主义未能认识到人类需求的历史性特征。结果是，原始的共产主义既将那些完全不适合被拥有的事物纳入共同所有制——作为普遍卖淫的妇女群体是马克思强有力的例子——又"否定了人们的个性"，通过将所有制的对象削弱到最低的共同支配，以便每个人都能分享它们。这导致了马克思所说的

"对整个文化与文明世界的抽象否定"。这听起来很耳熟，马克思主义经常被其敌人错误地指责为，共产主义是一种普遍的社会平等，这是一种普遍的刻板印象。然而，对马克思来说，这不是解放，而是嫉妒的顶点，一种怨恨。从马克思的观点看，这完全不是真正的共产主义，而是"私有财产之卑劣"本身的一个版本。因此，对共产主义流行的刻板印象恰好与马克思的观点相反。对于马克思与恩格斯来说："共产主义并不剥夺任何人占有社会产品的力量；只剥夺通过这种占有而征服他人劳动的力量"（*MECW* 6, 500）。

对嫉妒的提及很有意思，因为这将马克思对原始的共产主义的批评与尼采在《道德谱系》（1887年）中对基于怨恨的奴隶道德的基督教的分析联系起来。可以说，早期基督教激进的平等主义是原始的共产主义的一种。当时人的需求仍然相对简单，这造成了政治意义。然而，与资本主义相比，原始的共产主义代表了历史倒退——实际上是一种去人类化。另一方面，马克思主张一个充分的共产主义概念将落脚于"先前发展的所有财富之中"。也就是说，它不排斥迄今为止历史上进步的东西。它将以资本主义的生产力为条件。这就是共产主义，是对"作为人自身之自我异化（self-estrangement）因而实际占有人类本质的私有财产的扬弃"。马克思认为，只有把握"人类的自我异化"才能把握私有财产最基本的特征，他认为对之的否定才能带来真正的解放。

马克思使用了黑格尔哲学的两个核心概念来阐述从资

本主义到共产主义的转变：扬弃（Supersession）与回归（appropriation）。扬弃（或者"sublation"德文中 *Aufhebung* 有时采用此翻译）是用于辩证逻辑来描述发展新阶段与其过去阶段之关系的术语。主要有三种意义，黑格尔都用过：（i）升起或举起；（ii）撤销、废除、毁灭、取消或搁置；（iii）保留或维持。辩证性的扬弃是一个过程，通过取消或废除其既有存在形式，同时在新形式中保留某些既有的存在形式使事物达到更高的境地。黑格尔用回归来描述已经外化（外化因而异化）的事物的恢复或复归。如果外化是对人的否定，回归就是一种"否定之否定（negation of the negation）"，因而是一种特定类型的回归。仅当这同时也是一种回归——对先前外化的人类本质的回归，否定作为人的自我异化的私有财产才是对私有财产的扬弃。

p.79

现在我们可以理解马克思所谓共产主义是对"作为人的自我异化的私有财产的扬弃"的意思了。这意味着共产主义以将人类推进到更高历史发展阶段的方式消灭了私有财产，因为保留了对人类发展有贡献的私有财产系统的相关事物——其生产力与其新需求的产生的"人"的内容，这些在私有财产系统中被外化了。（"积极的"是马克思指称这一现实物质过程的术语，而不仅仅是一种思想中的运动；这将马克思的辩证法区分于黑格尔的。）这一扬弃是一种回归，因为将先前异化的东西还给了人们，那些东西是：他们的生命-活动，他们的产品，他们的类存在，以及他们相互之间的关系——由第4章讨论过的私有财产产生的四种外化类型。正因如此，马克思主张，共产主义将解决人类与自然之间的冲突。这是一种非同寻常的乌托邦式的推测。意味着由于之后没有进一步的"发展"，就像黑格尔的历史终结，共产主义将不是任何通常意义上的历史发展阶段，这就是为什么马克思称之为"历史之谜的解开"。它将开创一种新的时代，人类自由的时代。这将是一种新的"历史"的开端：自由的历史。

p.80 在政治意义上，这一概念中最重要的东西是，在私有财产的扬弃中的保留元素。马克思所理解的共产主义将消灭私有财产——生产资料所有制的共同所有制体系——而不会倒退到以资本主义为代表的巨大历史进步之后。正是这一历史维度将马克思的共产主义概念与之前的乌托邦概念区分开来，如十九世纪早期的查尔斯·傅立叶与罗伯特·欧文的共产主义。为了将他的共产主义与这些思想更准确地区分开来，马克思越来越少地强调共产主义是一种理论性思想（以防其被视为"一种*理念*而被现实调整"），而更多地强调其在历史中的内在意义。例如，在《德意志意识形态》中，共产主义被描述为"消灭现状的真正运动"。（*MECW* 5, 49）。马克思与恩格斯的共产主义政党概念是扬弃私有财产的一般历史运动的政治代表。然而，共产主义的历史可能性奠基于资本主义在发展生产力中的革命性角色。

7

现代性的资本主义

　　迄今为止的社会的历史都是阶级斗争的历史
……

　　资产阶级（bourgeoisie）在历史上起了最具
革命性的作用……

　　资产阶级如果不能不断革新生产工具（in-
struments of production）从而革新生产关系
（relations of production），并随之革新整个社会
关系，则难以存在。相反地，保持旧的生产方式
（modes of production）不变是一切早期工业阶
级存在的首要条件。持续不断地生产变革，不间
断地影响所有社会条件，永恒的不确定性与动荡
将资产阶级时代区分于从前。所有牢固的、僵化
的东西连同古老可敬的偏见和观念全被解体了，
新形成的东西还没来得及凝固就过时了。所有坚

实的东西都融化在空气中，所有神圣的东西都被亵渎了，人们终于不得不冷静地面对真实的生活条件，以及他们相互之间的关系。

不断扩张产品市场的需求，使得资产阶级遍布全球，它必须在所有地方筑巢，在所有地方建立联系。

p.82

资产阶级通过对世界市场的剥削，使得每个国家的生产和消费都有了世界性特征（cosmopolitan）。它抽掉了工业脚下的民族基础，这使得反动派大为恼火。它们被新工业取代，新工业的引进对所有文明国家来说都是个生死攸关的，这些新工业不再使用当地的原材料而是使用最偏远地区的原材料；所生产的产品不仅在国内而且在全球各个角落被消费。我们发现，由国内产品来满足的旧需求被新需求取代，需要遥远地方的产品来满足。各国家之间全方位的交往、全方位的依赖，替代过去那种地方性与国家性的闭塞与自给自足，物质上的生产如此，精神上的（intellectual）生产亦如此。个别国家的精神创造成了共同财富。民族片面性和局限性越来越不可能有了，从大量民族与地区的作品中产生了世界性作品。

通过彻底改进所有生产工具与便利的通信手段，资产阶级将所有民族，甚至最野蛮的民族都吸纳到文明中来。便宜的商品价格就像重型大炮，摧毁了一切万里城墙，迫使对外国人固执仇恨的野蛮人屈服。它迫使一切民族采取资产阶级的生产方式，如果他们不愿灭亡的话；它迫使他们将所谓的文明引进他们中间，也就是他们自己成为资产阶级。总之，它按照自己的形象创造了一个世界。

p.83

摘自"有产者与无产者"

《共产党宣言》，1848年

《共产党宣言》（以下简称《宣言》）阐明了共产主义联盟的观点、原则和立场。联盟成立于1847年，是正义联盟的重组，该联盟十年前在巴黎成立，是一个秘密的德国工人组织（émigré German workers）。《宣言》承诺联盟通过一个宣布资产阶级灭亡与无产阶级胜利"同样不可避免"的共产主义革命来"强行推翻一切现存的社会条件"。（MECW 6, 519, 496）[19]然而，正如这段节选所显示的，《宣言》同样包含了北美自由主义者马歇尔·伯曼所描述的"对资产阶级工作的抒情庆祝"。[20]其中将资本主义描述成一种进步的（实际上是"革命的"）以及全球化的世界—历史力量—进步性，这很引人注目。

资本主义对所有社会关系进行革命的进步特征主要体现在其*破坏性*上。但这种破坏性并不限于资本主义对诸如宗教、民族、家庭、年龄、性别等社会约束的结构性消灭——这些约束很重要。这不是一个一次性的行为，标志着资本主义在任何特定的社会空间的开始。它延伸到资本主义对自身的破坏性。马克思写道，资本主义"生产的*不断革新*""*所有社会条件无间断的干扰*""*永恒不确定性与躁动*"以及"*所有新建成的（关系）都过时……在他们僵化之前（我的重点）*"。这是一场永久的变革漩涡，一场永久的毁灭与创造的革命，产生了对现代性本身的经验。

如果现代性是特定历史时期经验的名称，一种无休止的否定的时间逻辑，优先考虑现在而不是过去，优先考虑未来而不是现在——概言之，在马克思的描述中，新的21世纪的逻辑是[21]资本主义在全球范围内的现代性产物。马克思在赞美资本主义的破坏性时，也在赞美现代性的创造性的破坏性。（正如瓦尔特·本雅明所言，"建构"以"毁灭"为前提。）[22]马克思赞美资本主义的现代性而不是资本主义的其他面相；马克思赞美资本主义创造了"全面发展"的可能性，他认为那是自由。此外，这首将资本主义视为现代性的赞美诗，不仅是《宣言》主题的一部分，也不仅是历史争论的一部分。它存在于《宣言》中。有人可能会说，《宣言》从其历史形象到行文节奏都拥有它（在被灵魂拥有、被恶魔拥有的意义上）。

　　无论《宣言》多么像是无产阶级消灭资本主义的训诫，但无产阶级这一历史角色在资本主义自身发展逻辑中严格地呈现出内在性。无产阶级就像一个幽灵，因为"现代资产阶级社会……就像一个不能再控制用咒语召唤出来的力量的魔术师"。（*MECW* 6, 489）这些力量是资本主义释放出来的新的生产力，无产阶级只是未来的历史代表。无产阶级的破坏性力量——被认为有能力摧毁资本主义制度——是资本主义本身的破坏性力量的一种偏转（deflection）。这一点通过文本的节奏给读者留下了深刻印象。在第一部分"资产阶级和无产阶级"中，资产阶级几乎是每一句话的主题。在模仿现代性的时代，《宣言》不仅关于现代性，也不仅是一个现代性文本，它是一个现代主义文本，确认了新事物的短暂。（在其最深层意义上，现代主义难以仅凭借文体获得界定，是关于特定时代新经验的文化确认。）[23]

　　为了解读《宣言》的当代意义，我们既需要注意其关于历史变革之能动者的社会阶级角色的历史论证，又要注意这是一项非凡的文学成就。最重要的是，它的目标是在读者内部产生一种相当于历史经验本身的经验结构。文本的力量来源于这两个层次之间的联系：意象地呈现一个历史论证的能力。其弱点在于同样的联系：这些意象涉及合并理论术语。

　　关于《宣言》的文学形式，第一件要注意的事情是，它是大量既存的、历史上互不相关的文学形式的综合，其中每一种形式都可在马克思与恩格斯早期的文本与手稿材料中找到：教义问答、历史叙事、哥特式、政治纲领，政治经济学批判以及文学评论。每种文学形式都作为《宣言》的一个独立构成元素，同时也从其整体位置中产生相关意义。《宣言》的基本叙事程序是一种蒙太奇（montage）。但支配蒙太奇的原则是什么？产生整体统一的原则是什么？有三种文学形式似乎可胜任这个角色：宣言、现代史诗与世界文学作品。由于《宣言》最终超越了题材，每一种都揭示了文本的独特特征；没有哪个单凭自身是充分的。这种坚实而又有问题性的个性使之成为一部经久不衰的作品。

马克思借鉴了歌德的世界文学思想，对歌德来说，世界文学是民族文学综合进化的结果。马克思在世界市场的基础上以社会学的方式将世界文学的观点建立起来："个别民族的精神创造成为共同财产。民族片面性与狭隘性变得越来越不可能，从大量民族与地方文学中产生世界文学。"对于马克思，清楚的是《宣言》渴望成为这样一种世界文学作品，其文学感染力与封面上的口号"全世界的无产者联合起来！"的政治感染力不相上下。如果就翻译传播而论（在1918年之前有35种语言，544种不同的版本，自那以后更是无数），[24]它无疑比任何作品都更成功。然而，作为一种正式概念而不是一种社会学概念，世界文学是一个有问题的概念。正如文学理论家佛朗哥·莫雷蒂（Franco Moretti）所指出的，至少在19世纪没有出现世界文学，而是出现了"几个（发现）自身处在一个特别幸运的位置上的在全球范围内的复制的民族文学"。[25]（他写的是法国和英国小说如何成为世界各地模仿的典范。）马克思醉心于他的主题，似乎忘记了他对所有市场走向垄断的解释；至少他对文学市场的去民族化过于乐观了。世界文学并不是歌德和马克思所追求的新形式，迄今为止，世界文学实际上更多的是一系列霸权的区域文学，只有少数在某种程度上比其他文本更具"世界性"。

p.87

这些文本被称为现代史诗。现代史诗是一种罕见的野兽，"世界文本"的理念找到接近它的东西。（例如，莫雷蒂特别提到了歌德的《浮士德》和乔伊斯的《尤利西斯》。）现代史诗是一种百科全书式的文本，总的来说有两个层次：它们代表超国家维度的空间（是全球市场的一部分，尽管通常是预言性的）；以及它们可随意使用的文学风格和传统。[26]《宣言》当然符合这种模式。但严格来说，它并不是一个虚构的文本。就此而言，《宣言》不仅仅是一部现代史诗，或者至少比其他现代史诗更重要——也许是一种关于现代（über-modern）的史诗。这里的"更"关乎其总体，其宣言形式的综合性使用。宣言是一种将超常的内容压缩成简短文本的形式。《宣言》中的"多"同时也是"少"。本雅明在《单行道》（1928 年）的开篇片段中总结了这种文学压缩的实践逻辑。在资本主义现代性的条件下，他认为：

> 只有在行动与写作的严格交替中才会产生显
> 著的文学效果；必须培育适应其在活跃社区中的

影响力的不显眼的形式，而不是在传单、小册
子、文章和标语中装腔作势。[27]

还有，有人可能会补充。这是20世纪最重要的意象哲学家本
雅明留给我们的最接近《宣言》的解读。

不像文本的其他组成元素，马克思没有找到现成的宣言 p.88
形式——尽管有一些他应该知道的使用了该术语的例子。[28]
我们现在认为的宣言的大多数特征——尤其被二十世纪早期
达达主义（Dada）、未来主义（Futurism）和超现实主义
（Surrealism）的先锋派所使用的——都由《宣言》界定。宣
言主要是一种展演，它用语言表达一个将要实现的未来。目
的是把读者导向一个具体的未来。这种倔强（wilfulness）表
现为一种特殊的文学绝对主义——使用绝对现在时时态——
所欲望的东西被呈现出来，*仿佛*它已经是事实了，以便它可
以成为事实。用达达主义者特里斯坦·扎拉（Tristan Tzara）
的话来说，一个宣言必须"将散文组织成一种绝对并且无可
辩驳显而易见的形式"。[29]这就是宣言与小说相似但又有别之
处。在这种意义上，宣言总是涉及先发制人，涉及押注未
来：《宣言》写得好像它对未来很有把握，但事实恰恰并不
如此。马克思主义认为共产主义是不可避免的，长期以来饱
受批评者困扰。但将其视为一种科学预测，误解了马克思将
语言作为行动的做法。因此，随后需要打出"要社会主义还
是野蛮主义！"来澄清该主张的性质。

《宣言》的独特之处在于，在各个方面（"全世界的无产者联合起来！"）都赋予了阶级斗争历史叙述的权威性（"迄今为止一切社会的历史都是阶级斗争的历史"）这一主张的理论性辩护。它提出了一种新的精神—政治主张。正是这种劝诫与以理论为基础的世界历史的混合，使它以宣言的形式成为一部如此奇特的史诗。叙事是复杂的，因为涉及几种不同类型的主题：其中最主要的是阶级主体（资产阶级、无产阶级），也包括系统性主体（自由贸易、资本），以及根本性的人类生产力本身。衔接这些不同叙述是文本文学形式的工作，而不是更严格的理论考虑。这让读者在理论和寓言之间徘徊：阶级作为系统性矛盾的寓言主体出现。资产阶级这样做是因为被迫如此："必须将一切安顿下来，安顿于任何地方，在任何地方建立联系"；资产阶级"难以在缺乏生产工具不断革新的情况下存在"。它被迫这样做是由于竞争：自由贸易体系本身就是生产资料私有财产的结果。（因此马克思在1847年1月的演讲中对自由贸易进行了著名的革命性辩护：自由贸易"加速社会革命"，*MECW* 6, 465。）资产阶级的革命性角色由制度脚本口述。然而，资产阶级仍然是这出戏的主题；仍然是历史上的一个革命力量。寓言缩小了条件和行为之间的差距。

p.89

　　今天，《宣言》将资产阶级与资本合并（马克思使用的"bourgeoisie 就是 capital"，*MECW* 6, 490）有着更严重的问题。资产阶级作为历史上的能动者，是民族性地、政治性地被组织起来的社会阶级，而资本是一种支配并且在结构上限制社会阶级的非个人的、跨国的、理想对象性的社会形式，不能简单地认为资产阶级等同于资本。在《宣言》发表的时代，马克思还没有发展出资本是一种价值形式这一创新性解释："自我扩张的价值"。这发生在19世纪60年代早期《资本论》中。《宣言》寓言资产阶级的政治角色与资本合并，掩盖政治与经济形式之间的差距，历史可能性正是从这里产生。与此同时，马克思在无产阶级概念上给出相反的分析：他把无产阶级看作政治上几乎完全存在于资本之外的社会阶级。随着资本主义的发展，历史一次又一次地说明劳动对于资本的重要性（马克思后面承认劳动概念是"可变资本"）以多种方式注入了工人阶级的*政治*存在，削弱了其代表共产主义新的生产方式所发挥的作用。马克思认识到了其中之一，因为他说"无产者组织成阶级，随后组织成政党，持续受到工人之间竞争的干扰"。然而，他以绝对现在时继续说："但它会再次升起，变得更强、更坚定、更强大。"（*MECW* 6, 493）意志和劝诫凌驾于不确定性之上，呈现出一种必然性。这就是宣言的作用。但它们对必然性的主张标志着一种意愿，而不是一个事实：意愿去改变。

正是《宣言》这种准虚构的意愿特征使得其第一部分作为政治文本存在，超越了其组成部分的当下环境，作为资本主义的一种意象，在全球层面保持不变的基本社会结构与动态。

8

工人的诉求

　　资本家按照日价购买劳动力（labour-power）。劳动力的使用价值通过工作日（working day）属于资本家。资本家因此获得了工人一天内的劳动的权利。但什么叫一个工作日？显然这少于一个自然日。但少多少呢？资本家在这一点上的看法没有退路：必要的工作日限度。作为资本家，他只是资本的人格化。他的灵魂就是资本的灵魂。但资本有一个单一的动机（life-force），那就是增值自己，创造剩余价值（surplus-value），用自己不变的部分，即生产资料，吮吸尽可能多的剩余劳动。资本是死了的劳动，就像吸血鬼，靠吮吸活的劳动生存，吮吸的劳动越多，资本活得越好。工人工作的时间就是资本家消费从工人那里购买来的劳动力的时间。如果工人一次性

（disposable time）消费了自己，那就是在掠夺资本家。可见，资本家以商品交换法则为依据。像其他所有买家一样，他寻求从他的商品的使用价值中获得最大可能的利益。然而，突然间，出现了被之前生产过程的喧嚣和愤怒压制的工人的声音：

p.92

"我卖给你的这个商品不同于普通商品，使用它而创造的价值大于它的成本。这就是你买它的原因。在你看来是资本的增值，在我看来是劳动力的透支。你和我都知道市场上只有一条法则，那就是商品交换的法则。况且商品的消费不属于出售者而属于购买者。我每天的劳动力的使用因而属于你。但鉴于你每天为此付出的代价，我必须能够再生产它，从而使得自己再次出售它。除去自然与老化等因素造成的耗损，我明天必须以像今天一样的体能、健康和活力继续工作。你不断向我宣讲'节俭（saving）'与'节制（abstinence）'的福音。好！像一个感性的、节俭的财产所有人一样，我将珍惜我唯一的财富，我的劳动力，不要愚蠢地浪费它。每一天，我都仅在其正常限度与健康发展的范围内劳动。如果把工作时间无限延长，你一天所消耗的劳动力可能比我三天所能恢复的体力还多。你在劳动中得到的东西，正是我在劳动中失去的实质（substance）。使用我的劳动和掠夺它是完全不同的两件事……你也许是一个模范公民，也许是皇家防止虐待动物协会（RSPCA）的一员，甚至有着德高望重的名誉；但是当你和我面对面时，你所代表的那个东西，它的胸膛里是无心的。如果有什么在那里悸动的话，也只是我自己的心跳。我要求正常的工作日，因为，和其他卖家一样，我要的是我的商品的价值。"

于是，这里出现了一种权利的二律背反，两者都被交换法则承认。在平等的权利之间哪一种起决定作用呢，是力量起决定作用。因此，在资本主义生产的历史上，工作日规范的确立本身表现为一场关于工作日界限的斗争，一场资本群体（即资产阶级）与劳动群体（即工人阶级）的斗争。

摘自"工作日的界限"，
《资本论：一个政治经济学批判》，卷 1，1867 年

《共产党宣言》将资产阶级看作资本主义的主体——"活动原则"，而将无产阶级看作共产主义的主体。二十年后，马克思在《资本论》中，在方法论意义上将资产阶级、资本

家简化为"资本的人格化"并将无产阶级简化为劳动。这就好像他在回顾后承认了《宣言》叙事的寓言性特征。正如他在《资本论》第一卷第一版（1867年）的前言中的解释：

> 这里讨论的个人只是经济范畴的人格化，是特定阶级关系与利益的承担者（Träger）。我的观点是，社会经济形态被视为自然历史的过程，不管个人如何在主观上超脱各种关系，在社会意义上，个人总是这些关系的产物。（C 1, 92）

资产阶级远不是历史行动的来源，目前仅被视为对一个系统展现逻辑的过程的"支持"。这个体系的主体——"活动原则"——是资本本身。马克思在《资本论》中将资本理解成一种特殊的价值形式："自我扩张"的价值，以商品为基础，是价值的基本形式。因此，资本不仅是一种物理事物——生产资料——而是一种社会关系：社会关系作为资本"构成"财富。资本通过与其他商品建立联系而扩张。在生产中，资本的价值随着吸收剩余劳动而扩大——从工人身上榨取的劳动超过了工人劳动力的价值。资本通过购买作为商品的劳动力，并将其视为"可变资本（variable capital）"来工作而吮吸剩余劳动——是资本中有能力创造价值的部分。因此，资本似乎拥有自己的"生命力"："保持自身增值的动力，去创造剩余价值，使得生产资料中这一恒定的部分尽最大可能吮

p.94

吸剩余劳动"。

　　本章的节选通过聚焦资本家与工人必须"生存（life）"与必须"闲暇（time）"的不同关系，探索了资本作为价值形式的一些政治后果。在《资本论》中，马克思从最广泛的、存在的和政治的意义上来考察它们之间的经济关系，这是一个极好的例子。这段节选将复杂的理论论证与具有论辩性和对抗性的语言相结合。马克思对资本主义的描述，以及他使用蒙太奇将历史材料直接纳入文本的方式，使我们再次看到哥特式的想象。正如他在一份脚注中承认的那样，工人以直接演讲的方式提出诉求，借鉴了伦敦建筑工人罢工委员会在1859年至1860年罢工期间发表的宣言，要求将每天工作时间减少到9小时。（例如，最初是一个叫 M. Peto 的爵士将资本家描述为"散发着圣洁的气味"，他被认为是"建筑师中最赚钱的商人"。马克思津津有味地告诉我们，他后来破产了。）

　　马克思早期和晚期的政治经济学批判的主要区别在于，他发现了人类劳动力能够生产超过其自身价值的产品。在《1844年经济学哲学手稿》中，马克思聚焦于作为"对象化"过程的劳动（私有财产开始异化），在《资本论》中，劳动主要被视为创造价值的过程。劳动力是唯一能够创造"大于成本价值"的商品。这是马克思在《资本论》中政治经济学批判的关键。恩格斯将之描述为"动态支配当今资本家生产模式与该生产模式创造的资本主义社会的具体法则"（"在

卡尔·马克思墓前的演讲", *MECW* 24, 464）

马克思对创造剩余价值的解释，依赖于区分作为活动（activity）的劳动与作为能力（capacity）的劳动力，而在其早期著作中没有这个区分。马克思在《资本论》中指出，工资购买的是劳动力（labour-power）而不是劳动（labour）。剩余产生于劳动力的价值与劳动活动中所产生的价值之间的差异。因为资本家占有了这些剩余，所以马克思将工人描述为"被剥削"。工人得不到自己生产的剩余。这就是马克思政治经济学批判中"剥削"的技术意义。劳动过程中的种种苦难，是资本家对剩余的需求造成的，该剩余来自从工人那里"榨取"超出劳动力的价值。对于马克思来说，在这方面，所有资本家都"剥削"工人，只要能产生利润，而不仅仅是那些可能被认为对工人特别不好的资本家；他们得到的利润越多，就对工人的剥削越多。对于"资本主义伦理"而言，这是正确的，对于任何其他类型的资本主义都如此。

在对工作日的解释中，马克思采取了活着与死去两种哥特式用语。一方面，资本被描述为"死去的劳动（dead labour）"，因为其价值上保持不变的那部分（没有"扩张"）——建筑、机器、部件——是先前劳动的产物，在《1844年经济学哲学手稿》的意义上是"对象化的活动"。这里的劳动是死的，因为它是静止的，没有运动原则；仅仅是一个结果，消耗掉了。资本作为死去的劳动与工人的"活着的劳动"相对立。另一方面，资本表现出活死人形式（form

126

of *living* death），因为资本"吮吸（sucks）"或"消耗（consumes）"活着的劳动力，资本"活得越久，劳动被吮吸越多"。资本"消耗"活的劳动，因为资本在劳动过程中的生产使用了劳动力商品。在特定的一段时间后，工人需要休息和补给：工人工作的力量暂时力竭了、耗尽了。该消耗通过将资本这一"固化的"死去的劳动作为价值生产过程中的一部分而赋予生命：具体地说，一个剩余价值超出了资本在生产中展现出的价值，包括被消耗的劳动力的价值。活的劳动（可变资本）投入工作后，复活（revives）死去的劳动（固定资本），让其运动，使其转移部分价值到产品上。

　　资本是吸血的，因为其"唯一的生命力——使得自己增值的动力，就是创造新的剩余价值"——只能在活着的劳动的寄生关系中得到表达，它将这种关系作为可变资本纳入自身。在这个意义上资本展现出运动——"生命"，在数量上"拓展"，作为资本本身内部关系的结果：可变资本与固定资本之间的关系，劳动和其他生产资料之间的关系。只有工人实际消耗工作时间（也就是部分生活），将其转化为价值，才能做到这一点。这就是资本自我扩张的方式。它是吸血鬼（vampire）和僵尸（zombie）的混合体，靠活着的劳动力维持自己的活死人形态。马克思再一次将他的几个隐喻结合。

　　此外，资本试图从工人身上榨取尽可能多的创造价值的劳动。马克思认为有两种方法做到这一点。要么以固定的工资令工人工作更长的时间（例如19世纪常见的"日"利率）；

要么以各种方式提升劳动生产率，在给定时间段内生产更多价值（例如通过引进新机器）。马克思称前者为"绝对（absolute）"剩余价值，后者为"相对（relative）"剩余价值。工作日的长度限制了绝对剩余价值的生产。为了创造更多的价值，超越这一限制，资本改变了策略，转而去剥削与榨取相对剩余价值，这涉及生产过程特征的变化。当新技术的生产成本低于它们取代的劳动力时，新技术才会具有生产力。

然而，工人消耗在生产中的时间同样是对其生命的消耗。时间不仅具有存在意义，而且具有经济意义。我们存在于时间中，时间赋予我们存在的意义，因为我们的时间有限：我们会死。的确，时间之所以具有经济意义，正是因为它具有存在意义。如果我们长生不老，时间还会是衡量价值的尺度吗？活动在时间上的分配既具有生存意义，也具有经济意义。资本试图"从〔其〕商品的使用价值中榨取最大可能的利益"会遭到工人抵制，因为工人的时间（因而也是生命）涉及其中。随之而来的是一场关于工作日界限的斗争。如今，这被委婉地称为"工作与生活的平衡"。这场斗争是时代政治的一部分。

马克思借工人之口说的话呈现了资本对劳动力的消耗，消耗了工人的生命。一切都取决于劳动力本身的价值。在马克思的解释中，商品的价值由生产产品所需的"社会平均"时间决定（包括其组成部分与生产资料所蕴含的劳动时间）。所以劳动力的价值由生产它的"社会平均"时间决定：工人

p.98

本人在适合工作的条件下生产。对于技术工人来说，包括教育和培训的时间。但马克思总是从最基本的形式开始考察他们的社会关系，他在这里讨论的是最简单的体力劳动的情况。

对工人来说，工作时间长短是一个关乎生死的问题：工人需要再生产自己，不仅仅在价值上，还有实际上、生理上与心理上。工作中的健康和安全不再仅涉及物理危险和疲惫。还更涉及压力、"精力耗尽"与对重复性特定任务的心烦意乱。但相同的原则也适用。这种存在主义维度带来了一种个人必要性，也具有一种道德力量："我必须每天再生产（我的劳动力），这样我就可以再卖掉它了"；"我明天必须要以和今天一样正常的强度、健康和活力继续工作。"否则我将无法生存。我的生存将受到威胁。对工人来说，问题在于劳动过程本身可能是艰巨的，消耗工人——消耗工人的生命——多于在那个阶段中的恢复，尽管事实是劳动力已经按照其价值被购买了。

资本不仅在消耗劳动力，而且在"掠夺"工人，尽管遵守了交换法则。但资本对此无动于衷。它的"胸膛中是无心的"。就资本家是资本的人格化而言，资本家胸膛中也是无心的。所有资本只关心交换法则是否被遵守，是否有更多劳动可用。它不关心工人个体生命的再生产。如果现有劳动力被"耗尽"，资本有多种方式来补充劳动力供应：依靠失业、移民等"后备军"，或将生产转移到更适合驱动其创造价值的地方（正如当前大量欧洲制造业工厂正在迁往东亚）。工人对劳动过程的"权利"没有得到资本的认可，该权利是劳动过程对工人的消耗不可大于工人的恢复。

我们已经有两种不同的人的再生产概念：一种由资本持有，完全基于劳动力的价值；另一种由工人持有，基于生产与再生产的实际需求——资本剩余价值的最大化从被限制的工人身上"拿走"了什么。这是资本主义作为一种经济体系忽视人的有限性的典型例子。在这方面，资本是一种真正非人（inhuman）的力量。当工人（再生产自己的生命）的权利面对资本家（只要按照其价值购买劳动力，就能榨取剩余）的权利，面对同一交换法则，我们有两种截然不同相互冲突的解释。

工人的需求导致了一场斗争，因为工人作为一种商品的劳动力的特性使得资本主义的交换制度产生了内部矛盾。这是"权利与权利的二律背反（an antinomy of right against right）"：工人的权利与资本家的权利。（二律背反是两个同样可证明的命题或法律之间的矛盾。）在平等的权利之间由"力量决定"何者胜出。马克思在这里用了 *Gewalt* 这个词，它有暴力的含义。正是这样的斗争决定了资本主义的发展轨迹。因为如果集体劳动实现了"正常"工作日的目标（它在历史上是可变的，就像"人"一样），资本将不得不将注意力转移到提高生产率上，在那里，斗争将在新的基础上重新开始。然而，总的来说令人吃惊的是，我们今天的工作比19世纪末的工人少得多。

p.100

9

"所谓的原始积累"

资本积累以剩余价值为前提；剩余价值以资本主义生产为前提；资本主义生产以在商品生产者手上可获得相当多的资本与劳动力为前提。因此，整个运动似乎在一个没有尽头的循环中旋转，我们只能通过假设一个原始的积累来摆脱它（亚当·斯密的"预先积累"），原始积累先于资本主义积累；积累不是资本主义生产方式的结果，而是资本主义生产方式的出发点。

这种原始积累在政治经济学中扮演的角色与原罪在神学中扮演的角色大致相同。亚当咬了苹果，于是罪恶降临到人类身上。当它作为一件关于过去的奇遇被讲述时，它的起源应该被解释。很久以前，有两种人：一种是勤奋、聪明、最重要的是节俭的精英；另一种是懒惰的流氓，挥霍钱财，过着放荡的生活。神学原罪的传说告诉我们，人类是如何被注定要汗流浃背才能吃上面包；但经济原罪的历史告诉我们，有些人根本不需要经济原罪。前者就这样积累起来了财富，后者最终除了自己的皮肤外没有东西可出卖。从那时起，就存在着大量贫困的人，他们虽然有劳动，但除了自己以外没有任何东西可以出卖，而少数人的财富却在不断增加，尽管他们早已停止工作。在保护财产的过程中，每天都有人向我们灌输这种乏味的孩子气……但是，一旦涉及财产问题，就成了一项神圣的义务，那就是宣布童话故事的立场是一件适合所有年龄层和所有发展阶段的东西。在实际历史中，征服、奴役、抢劫、谋杀，简言之，暴力占了绝大多数，这是一个臭名昭著的事实。在温和的政治经济学编年史中，田园诗总是占上风。权利与"劳动"总是致富的唯一手段，当然"今年"总是例外。事实上，原始积累的方法绝不是田园诗般的。

就其本身而言，货币和商品并不比生产资料和生存资料更属于资本。它们需要转化为资本。但这种转化只在特定条件下发生，在一点上结合在一起：两种截然不同的商品所有者之间的对抗与联系：一方面，货币、生产资料、生存资料的

p.102

所有者，他们急于通过购买他人的劳动力使得占有的价值总量增值；另一方面，自由工人出卖自己的劳动力，因而是劳动出售者。自由工人在双重意义上，既不是生产资料的一部分，例如奴隶、农奴；也不拥有生产资料，例如个体经营者。因此，他们不受所拥有的任何生产资料的限制。商品市场的这种分裂，给出了资本主义生产的基本条件。资本关系以工人与工人实现劳动的条件的所有权完全分离为前提。资本主义生产一旦独立，不仅会维持这种分离，还再生产，使这种分离的规模不断扩大。创造资本关系的过程，不过是工人脱离实现其劳动条件的所有权的过程。该过程一方面是将社会的生存资料与生产资料转化为资本，另一方面将直接的生产者变为雇佣劳动者（wage-labourers）。因此，所谓原始积累，不过是生产者与生产资料相分离的历史过程。之所以显得原始，是因为它构成了资本以及与资本相适应的生产方式的史前史……

在原始积累的历史上，所有革命都是划时代的，是资产阶级形成的杠杆；但是，最重要的是，在这些时刻，广大群众突然被强行夺走生存资料，作为自由的无产者，被毫无权利且不受保护地丢进劳动市场。从土地上征用农业生产者、农民是整个过程的基础。该剥削的历史在不同国家呈现不同面相，贯穿于不同顺序、不同历史阶段的各个时期。

摘自"原始积累的秘密"

《资本论：一个政治经济学批判》，第一卷，1867年

马克思在《资本论》第一卷阐述了资本的基本要素与动态——商品、货币、作为价值形式的资本本身、劳动、剩余价值与积累——偶尔穿插了一些题外话。它以资本主义的存在为前提，接着开始向读者准确地解释资本主义是什么以及它是如何运作的。然而，第一卷结尾独立地讨论了导致资本主义生产的历史条件，"所谓的原始积累（Original Accumulation）"。[30] 这些章节最著名的是对15—18世纪英国向资本主义过渡的解释，马克思认为资本主义的史前史在那时呈现出"经典形式"。它们往往被解读为"仅仅"是历史上的，完全是关于过去的。然而，正如马克思所澄清的，他关心资本主义生产的一般社会条件。英国就是一个典型。《资本论》第一卷的最后一部分对当代政治具有特殊意义。它关于征用、非法和暴力。

1888年艾芙琳（Aveling）将德语 *ursprüngliche Akkumulation* 翻译为"先期积累"（primitive accumulation，福克

p.105

斯 1976 年的译本惊人地保留了下来）在该语境中特别不恰当。它属于 19 世纪的人类学意象，将这个过程交给过去的时间；或者至少，将其方法确认为史前史的方法。然而，处于当前全球资本主义转型的前沿，我必须更加按照字面意思将这个短语翻译成"原始积累（original accumulation）"。原始这一概念，*Ursprung*，在德国哲学中有着重要位置，尤其在 20 世纪。（同时是马丁·海德格尔与瓦尔特·本雅明的核心思想。）其字面意思是"源头（source）"——应牢记 *Ur-Sprung* 的词源是第一次飞跃或跳跃——因为蕴含着不断更新的生产。准确地说，原始积累在这个精确意义上是原始的：无论何地何时，它都是资本积累的基础。

在这段节选中，马克思关心两件事：首先是消除政治经济学关于资本主义起源于个人节制以及由此产生基本不平等的道德特征的两个神话；其次用他自己对资本主义在暴力与非法征用过程中的实际历史起源的解释来替代。在这一过程中，他澄清了他所谓的资本主义作为一种生产方式是什么意思，与日渐流行的市场社会概念截然不同，当前市场社会与资本主义经常被混淆。马克思根据生产剩余的方式对社会进行了分类；市场社会的新古典经济学概念根据其内部交换关系的程度来分类。然而，正如马克思指出，世界市场从 15 世纪末开始，在封建主义背景下随着商业资本和城市作为贸易中心而发展起来。这是资本主义在英国确立生产模式前近 200 年。这些贸易关系——通过税收（tax）和封建地租

（feudalrent）占有剩余——维系了封建贵族的消费习惯（继承于罗马帝国的统治阶级），对他们来说，丝绸与香料等进口奢侈品在政治上既是炫耀又是奖励。[31]

　　资本主义起源的神话在政治经济学中源于一个关于"自然状态（state of nature）"的论证，17世纪英国哲学家约翰·洛克在《政府论》（1690年）第二篇中阐述过。洛克设想了一种先于公民社会的自然状态，在这种状态中，人们自由平等，但接受上帝规定的"自然法则（natural law）"支配，这赋予他们生命和自由的权利，只要他们不侵犯他人的"自然权利（natural rights）"。这些自然权利涉及作为个人身体的财产，进而涉及个人劳动的产物。所有的法律都必须通过合法的契约而被辩护，从这种自然状态中衍生出来。政治经济学辩护了资本主义固有的不平等的社会财富分配，认为这种不平等是自然状态下个人道德性质差异的结果。用马克思的话说，"有两种人；一种是勤奋、聪明、最重要的是节俭的精英；另一种是懒惰的流氓，挥霍钱财，过着放荡的生活。"勤俭与节约者积累，懒惰的流氓挥霍，直到后者为了生存不得不找前者寻求工作。

　　马克思嘲笑亚当·斯密（Adam Smith）在《国富论》（1776年）中讲述的洛克式"童话"的"平淡乏味"，认为其结构和可信度与《圣经》对原罪的解释相当。尽管，马克思指出，经济版本免除了整个社会阶级的原罪后果（注定要汗流浃背地吃面包），由于他们祖先的勤奋与节俭，"原始积

140

累"已经免除了他们的劳动。马克思暗示，资本主义所依赖的这种对阶级不平等的道德辩护，实际上在其基督教术语中是非宗教的。

但这只是顺便挖苦资产阶级宗教的虚伪。马克思的主要观点是方法论上的，涉及对历史上特定资本主义概念的前资本主义情况不合时宜的应用。这在洛克对自然状态的描述中是公然的，洛克将私有财产资本主义概念运用到前社会条件。它同样适用于对"原始"积累的解释，假设一个预先的财富积累本身就足以建立资本主义生产。所有这些解释通过假定它们在资本主义之前就已经存在，来归化资本主义依赖的阶级关系。政治经济学认为，财富的预先积累是资本主义唯一的历史条件。[32]

另一方面，对马克思来说，主要问题不是"财富的原始积累如何先于资本主义产生并随后投入到资本主义生产中？"，而是"资本主义生产的社会关系如何建立，那些预先的财富积累如何成为资本的社会形式？"。对马克思来说，资本主义是由社会生产关系、资本—劳动关系来定义的，而不是由交换（市场）、特定的积累水平或任何特定的生产技术来定义的。"就其本身而言，货币和商品并不比生产资料和生存资料更属于资本。它们需要转化为资本。"财富要转化为资本，就必须用来创造价值。这取决于价值的来源——劳动力的商品化。

马克思认为，资本主义生产的基础条件是两个而不是一个：

一方面，货币、生产资料、生存资料的所有者，急于购买他人的劳动力来增值所占有的价值总和；另一方面，自由工人，出卖自己的劳动力，因而是劳动的出售者。

此外，这些条件中的第二个更为重要而不是第一个。雇佣阶级的形成过程——"工人与他们劳动实现的所有权条件的完全分离"——正是通过这个过程，土地从佃户封建权利的复杂约束中解放出来，成为可用的资本。资本主义从封建主义发展而来的典型例子在英格兰，对土地拥有佃户权利的自由封建农场主"突然被强行剥夺了生产资料，作为自由的无产者被没有权利没有保护地（相对于他们以前的封建权利而言）丢入劳动市场。"（马克思指出，英国"农奴制在14世纪后半叶就已经消失了。"C 1, 877）对农民的征用使得土地从领主的私人占有中解放出来——即资本主义——是资本主义农业的基础。

马克思详细地概括了这一过程，因为其发生在英格兰，从15世纪的后1/3到19世纪中期——近400年的过渡时期。评论家们倾向于强调马克思对公共土地圈地的解释，但这只是马克思讨论的英国的四种主要征用形式之一。另一些是16世纪宗教改革期间对天主教财产的"巨大掠夺"，1688年光荣革命后的"国家领土的欺骗性外化（fraudulent alienation of state domains）"，18世纪和19世纪早期所谓的"财产清理（clearing of estates）"，在残酷的恐怖主义环境下，侵占了封建和氏族财产，并将这些财产转化为现代私人财产（*C* 1, 877-95）。这一切都为封建财产转变为私有财产奠定了基础，转变的条件是剥夺农民土地。原始积累根本不是勤奋和节制的产物，而是征用的产物。因此，这（在当时）是非法的并且必然是暴力的。

此外，马克思认为，这种暴力并不局限于导致乞丐和流浪者大军产生的剥夺财产的行为。还需要暴力将被剥夺的农民从流浪者和乞丐转变为雇佣劳动者（一种他们最初根本不愿意接受的条件）。然而，这第二种暴力是一种不合时宜的法律的合法暴力，这种法律在旧的、封建的生存条件的假设的基础上，将新的"自由"农民与没有工作的初始工人（proto-worker）定性为有罪的：他有途径获得生存资料。因此，刚刚获得自由的农民被迫成为雇佣工人。

这一过程的长度和历史复杂性很重要。因为，政治革命一般以月为单位——最多几年——而标志着从一种生产方式向另一种生产方式转变的社会革命则以世纪为单位。它们是非常复杂的历史事件，马克思强调剥夺农民是推动这一进程的唯一主要因素，毫不奇怪这一观点遭到了质疑。特别是，有人认为城市商业在促进资本主义发展中发挥了至关重要的独立作用。[33] 然而，马克思承认，弗兰德斯（Flanders）羊毛制造业的扩张（以及羊毛价格的上涨）为驱逐（evictions）

提供了"直接动力"，使第一次圈地（enclosures）成为可能，因为它激励了那些被他称为"新贵族（the new nobility）"的人将耕地转变为牧场来牧羊。为了做到这一点，他们不得不驱逐当时在土地上耕作的农民。然而，马克思的观点是，这种商业冲动本身不足以创造资本主义生产的条件，因为对他来说，资本主义不仅需要为了市场（先于资本主义）生产，而且需要基于雇佣劳动的生产。只有这样，价值法则才会生效。价值法则调节着生产者之间的竞争，推动着积累；只有在这些条件下，资本积累才能成为系统性的。马克思准备承认，任何可以被证明"在资产阶级形成过程中充当杠杆"的东西，都是原始积累的一部分。但没有雇佣劳动就没有资本主义，因为在马克思的概念中，资本不是"有价凭证"，而是一种特定的社会关系。

马克思称该过程为"所谓的"原始积累有两个原因。首先，正如我们所见，因为这实际上是一种征用（expropriation）；而"积累"一词则倾向于赋予这一过程特定的合法性。其次，也是更根本的原因是，这不是一个单一的、一次性的行为，而是一个持续的历史过程。它发生在向资本主义过渡的地方，但也发生在特定类型的资本主义社会中，资本—劳动关系占主导地位的地方，但仍有大量非资本主义经济活动存在，它们是新一轮"原始积累"的资源。在这方面，有人可能会说，资本主义对原始积累之类的东西有着永恒的需求，以便通过将劳动和实现它的条件之间的分离扩展到越来越多的人类活动领域，从而在内部自我更新。这正是过去两个世纪以来在印度和拉丁美洲陆续发生的事情。

马克思是一个现实主义者，承认历史是非道德的和暴力的，并谴责那些用本质上道德的术语呈现这些事件的人的虚伪。对马克思来说，这些事件的历史意义最终根据社会发展为人类打开的可能性来判断，不在受其影响的这些人的有生之年而从长期意义上判断。我们将在下一章中看到，在资本主义殖民主义的背景下，这种思辨的历史现实主义一直备受争议。

10

殖民主义：进步的"可怕的异教怪物"

p.112　　印度……无法逃脱被征服的命运，她过去的全部历史，如果有什么的话，就是她接连被征服的历史。印度社会根本没有历史，至少没有已知的历史。我们所说的她的历史，不过是一个接一个的入侵者的历史，这些入侵者在那个不抵抗和不改变的社会的消极基础上建立了他们的帝国。因此，问题不在于英国人是否有权征服印度，而在于我们是否更愿意让土耳其人、波斯人、俄国人征服印度，而不是让英国人征服印度。

　　英国必须在印度完成双重使命：一种是破坏性的，消灭旧的亚洲式社会；另一种是建构性的，为亚洲奠定西方式社会的物质基础……

　　（不列颠人）通过破坏当地的社区，铲除当地的工业，并铲平当地社会中所有伟大和高尚的东西，来摧毁［印度（Hindu）文明］。他们在印度统治的历史除了那次破坏之外，几乎没有其他内容。很难在一堆废墟中看出建构性工作。尽管已经开始了⋯⋯

由铁路系统发展而来的现代工业将消除以印度种姓制度为基础的劳动分工世袭制度，该制度是印度进步与印度力量的决定性障碍。

英国资产阶级被迫这样做的一切，既不能解放人民，也不能在物质上改善他们的社会条件，这种社会条件不仅依赖生产力的发展，还依赖于生产力是否被人民占有。但是，他们一定会为这两者奠定物质基础。资产阶级做得更多吗？他们能在不将个人和人民拖入血腥和肮脏，苦难和堕落的情况下取得进步吗？⋯⋯

考虑到印度和欧洲一样大，拥有1.5亿英亩土地，英国工业的毁灭性影响是显而易见且令人惊讶的。但是我们不能忘记，它们只是整个现存的生产系统的有机结果。这种生产以资本的绝对统治为基础。资本的集中化是资本作为一种独立力量存在的本质。这种集中化的毁灭性影响以世界市场为基础，在最大的限度上揭示了今天在每一个文明城市中发挥作用的政治经济学内在的有机规则。资产阶级时代的历史必须创造新世界的物质基础——在一方面，创造建立在人类相互依存及其交往手段之上的普遍交往；另一方面，发展人类的生产力，将物质生产转变为科学主导自然部门。资产阶级的工商业创造了新世界的这些物质条件，正如地质变革创造了地球表面一样。当一场伟大的社会革命掌握了资产阶级时代的成果，世界市场和现代生产力量，并将它们置于最进步的民族的共同控制之下，人类的进步才不会像那个可怕的异教怪物一样，该怪物只有用被杀戮者头盖骨做的酒杯才能喝下甘醇的酒浆。

摘自"不列颠统治印度的未来结果"
《纽约每日论坛报》，1853年8月8日

马克思关于英国在印度统治的著作引起了巨大的争议。它们经常成为他关于资本主义殖民主义观点的例证，而且自20世纪60年代以来，这些观点越来越多地遭到猛烈抨击——尤其被反殖民民族主义者抨击，还有一些第三世界的马克思主义者，以及最近的自由多元文化主义者。这些作品提出殖民和后殖民社会本质的问题；马克思历史发展模式的性质和范围；欧洲中心主义、东方主义，甚至可能还有马克思对印度社会描述中的种族主义；最困难的是，历史判断和政治判断之间的关系。

以上节选来自1853年马克思写在《纽约每日论坛报》关于印度事务的十二篇之一，几年后又有二十一篇报道（1857—1858年）。马克思写这些新闻报道主要是为了稿费，尽管1853年印度已经成为英国国内政治中的一个问题，这一事实激发了他的兴趣：一是因为《东印度公司宪章》的更新，二是因为印度政府法案的争论。（马克思是《议会文件》的忠实读者。）这些作品都是通俗性、论辩性与推测性的——观点——而不是表达对新理论的反思、学术或经验研究。马克思似乎将首版于五年前的《共产党宣言》里的论证简单运用到了印度——或者至少把它应用到他对印度的了解上，这没什么大不了的（他犯了几个错误），尽管当时英国的历史学术水平也不比现在差多少。研究历史的一般理论方法的有效性与将之应用于某一特定时期与某一特定社会之间存在巨大差异，这取决于对相关经验知识体系的积累与掌握。在这方面，这些作品承担了不适合的理论和政治负担。记住这些作品是为美国读者而写的这一点同样重要。正如印度马克思主义者艾贾兹·艾哈迈德（Aijaz Ahmad）所指出的那样，美国是一个殖民经验（尽管是一种不同的形式）催生的资本主义蓬勃发展的社会。马克思似乎一直希望印度的未来能像美国一样。[34]

p.115

尽管如此，将前殖民时期的印度被描述为一个"不变的"社会，没有任何已知的历史，对连续入侵采取"被动"

和"不抵抗",这是令人震惊的。它再现了东方主义最陈腐的刻板印象。(东方主义是一种西方文化下对东方社会的话语,其现代起源是在18世纪晚期欧洲,假定了西方的优越性。)[35]将不列颠殖民主义对其社会的破坏性影响描述成"毁灭性的","将个人与人民拖入血腥与肮脏,苦难与堕落",没有偏移该初始意象。情况刚好相反:被动性意象的功能是使得破坏合法化。如果不是英国人,他们会说是土耳其人、波斯人或者俄国人;然而,英国不仅带来了殖民统治,还带来了资本主义,资本主义为经济发展带来了希望,并最终带来了共产主义的未来。此外,在他对即将到来的"伟大的社会革命"的描述中,马克思写道,经济力量由"最进步的民族"共同控制。目前还不清楚这句话确切指的是谁,但它似乎暗示,印度将不得不等待一种任意类型的经济自我决定形式,直到一段仁慈的社会主义殖民主义结束。

然而,虽然马克思的解释确实包含了一个对前殖民时期印度的东方主义描述,但没有展现东方主义态度。这涉及某种对印度(Hindustan)黄金时代的浪漫怀旧——这是马克思早期在他的第一篇报道中明确拒绝的态度。马克思承认他所谓的"印度文明"有很多"伟大和崇高"的地方,但他也在我们节选的那篇文章的其他地方写道:"没有任何地方比印度更由于缺乏交换手段而在富足中遭遇社会贫困。"他将"奠基于印度种姓制度的劳动分工世袭制"视为"印度进步与崛起的决定性障碍"。在这些方面,他倾向于将印度的前殖民时期等同于欧洲的封建主义时期：以特殊利益的世袭制度的政治统治为特征的社会。在《共产党宣言》中，封建主义是刚才唯一讨论过的前资本主义的生产方式。马克思把欧洲从封建主义向资本主义的过渡作为他在其他地方向资本主义过渡的模式。在这方面，他的观点不是东方主义而是欧洲中心主义的，一种相关但又不同的文化倾向，将欧洲作为任何地方社会发展的典型。[36]

p.117

在这点上，马克思心中似乎有一个生产模式发展的单一模型，在其理论中著名的20世纪资本主义殖民主义或帝国主义背景下，这些行为作为经济欠发达的非欧洲社会中"资本主义的先驱"而加速了历史进程。[37]斯大林在1853年将马克思研究的这一临时结论转化为历史的"五个阶段"——原始共产主义—奴隶制—封建主义—资本主义—共产主义。每个社会都被认为依次经历每个阶段。另一方面，马克思本人，在他19世纪50年代末的笔记中，改变了他的立场，提出了一种独特的"亚细亚（Asiatic）"生产方式的概念。它的优点是将非欧洲社会的前殖民历史作为一个独立的研究对象。然而，就其将所有非欧洲社会视为同一（非欧洲）经济史主体而言，他以一种不同的形式再现了之前观点中的欧洲中心主义。"亚细亚"的生产方式并不一定局限于亚洲。这就引出了"两条路"主题：一条通向资本主义的欧洲之路，一条阻碍经济发展的非欧洲之路。

尽管存在这些弱点，但在20世纪60年代，马克思的亚细亚生产方式概念的复苏，使得对相关主题的辩论超越了精神匮乏的教条的"阶段主义"。[38]（如果社会必须先成为资本主义才能成为共产主义，而资本主义需要一个民族资产阶级，共产党的任务就变成了在前殖民社会中发展民族资产阶级事业。）另一方面，指出马克思"亚细亚"模式概念过于笼统、过于功利，为理解后殖民社会的特征开辟了多种新的、多维度的途径。这些方法很快超越了马克思作品的局限。它们提出了一个基本问题，即马克思的"生产方式"是一个可以超越时代的普遍概念还是特定社会的"混合"模式？——以及这个概念对后殖民社会的适用性。在 20 世纪 70 年代，关于殖民主义、后殖民主义、欠发达、发展不平衡和依赖性的争论，是自 20 世纪 20 年代关于帝国主义的争论以来马克思主义最重要的理论发展。在很大程度上，这是因为在马克思主义和其他理论立场之间（特别是"依赖性理论"和"世界系统理论"）发生了富有成效的交流，从而改善了南方后殖民社会在世界经济中的处境。[39]

　　这些争论使得我们回顾马克思关于印度的著作：首先，强调马克思进步概念的问题性质；其次，将世界历史政治判断的困难和困境戏剧化。马克思历史进步概念的关系是复杂的。这一概念是现代的，只是起源于启蒙时期的历史哲学将基督教历史世俗化为一个朝着实现人类理性和自由前进的线性过程。在这个层面上，马克思的作品断然拒绝了线性启蒙的观点。生产方式的理念同时强调历史的非连续性和社会矛

p.118

盾，马克思敏锐地意识到历史一直是并将继续是（用黑格尔的话说）"一个屠宰场（slaughterbench）"。尽管如此，马克思在另一个层面上仍然拥护进步主义（progressivist）立场。对他来说，历史从经济内容中获得了方向和意义：生产力的发展、生产性力量的发展。这就是马克思著名的"生产主义（productivism）"。然而，只有从未来（共产主义）的角度来看，这里才有"进步"，到那时，社会生产力的"人"的内容将被普遍共享。在这方面，所有关于进步的说法都是推测性的。此外，虽然某些类型的社会可能在时间上"更接近"所谓的最终状态，但就其本身而言，它们并不一定比之前的社会在政治上更适合其成员。由于阶级划分，许多人没有机会去享受他们所属社会的生产力增长所带来的新的生活和行动形式。马克思的理论是进步主义的辩证形式，它不以渐进主义（gradualist）或演化的术语来理解进步，而是以发展中一系列矛盾的最终解决来理解进步。它有一个末世论（eschatological）的维度：采用了"最后时代"的立场。马克思的历史观将人类在未来的技术潜力——促进人类新方式的潜力——置于当下福祉之上。事实上，马克思甚至坚持认为，在"伟大的社会革命"之前，进步将继续以"可怕的异教怪物的形式出现，只用被杀戮者的头骨当酒杯"。这是一种历史观，对那些即将被杀戮的人来说，这一点安慰不了什么。[40]

对于许多欧洲马克思主义者来说，欧洲的法西斯主义和第二次世界大战的经历消除了他们在资本主义技术的社会潜力上的希望。这导致了一些人，比如德国哲学家西奥多·W.阿多诺，去颠覆（invert）马克思"生产主义"的道德内容："没有从野蛮走向人道主义的普世历史，只有从弹弓走向万吨级炸弹的普世历史。"[41]这是一个对于马克思有争议的倒置。值得注意的是，对于资本主义与殖民主义的系统性暴力，欧洲知识分子并没有做出同样的反应。然而，阿多诺的这句格言依赖于从其社会维度中提取出马克思生产力思想的技术维度——社会关系本身的生产力，以新的劳动分工为代表的新的集体形式。在资本主义制度下，这些集体的形式与其人类意义格格不入。但如果这意味着人类总是与生产的社会关系相关，而这些关系在不同时期、不同社会中差别很大（甚至在不同的资本主义社会中），那么除了一个高度猜测性的未来，就没有一个单一的观点可整体上对当下做出历史判断。然而，如果代表历史的主体是未来的人类，以其名义做出的判断又如何与历史当下实际生活中的主体相关呢？

这是马克思政治判断的世界历史概念的关键问题，在他关于印度的著作中，这一概念得到了鲜明的体现。马克思思想的独特之处在于，坚持从世界历史的角度来评价政治。但这里存在着深刻的困难。因为在政治行动和世界历史之间存在着一条裂缝，该裂缝有扩大成鸿沟的危险。政治行动从当下存在衍生出的叙事中获得意义，无论这些叙事在历史上如何延伸。政治从来不只是关乎活着的人：人们为子孙后代进

行政治斗争，其程度不亚于甚至超过为自己斗争；他们这样 p.121
做也是为了维持、破坏或建立与过去的特定关系。但这些内
在于政治行动的历史视角比起世界历史本身有着更大的限
制，尤其在地理上。马克思的《不列颠在印度统治的未来结
果》通过聚焦资本主义殖民强加的影响与忽略印度历史，来
提醒我们这一点。

　　马克思关于英国在印度统治的著作戏剧化了他的世界历
史的政治分析模式的遗产。人们很容易因为他们的欧洲中心
主义倾向而不屑一顾。然而，他们向批评者提出了挑战：利
用更广泛的经验知识与政治"后见之明"，在同样的世界历
史尺度上，对资本主义殖民主义及其持续影响做出更充分的
解释。在这方面，马克思对历史分析所要求的知识范围和理
论抱负是他最大的遗产。他早期的哲学著作和《资本论》都
支持了这一要求。马克思对资本主义的理解比人们通常想象
的更具历史微妙性与复杂性。坚持这一点，在真正的全球历
史的政治意义上，马克思的著作比许多20世纪甚至21世纪
的思想家的著作更具有当代意义。

注　释

1   See Sigmund Freud, 'Fetishism' (1927), in his *On Sexuality: Three Essays on the Theory of Sexuality and Other Works*, Penguin, London, 1987, pp. 351–7.

2   Max Horkheimer and Theodor W. Adorno, *Dialectic of Enlightenment: Philosophical Fragments* (1944), trans. Edmund Jephcott, Stanford University Press, Stanford, 2002.

3   G. W. F. Hegel, *Lectures on the Philosophy of World History: Introduction*, trans. H. B. Nisbet, Cambridge University Press, Cambridge, 1975, pp. 180–81.

4   See William Pietz, 'The Problem of the Fetish, 1', Res, 9, Spring, 1985, pp. 5–17.

5   See Philippe Lacoue-Labarthe and Jean-Luc Nancy, *The Literary Absolute: The Theory of Literature in German Romanticism*, trans. Philip Barnard and Cheryl Lester, SUNY Press, New York, 1988, Ch. 1. The quotation is from Friedrich Schlegel, Athenaeum fragment 206.

6   费尔巴哈著作的精妙之处是，马克思最激烈地批判它们的时候，又在相当程度上依赖它们，通常没有人认识到这一点。对费尔巴哈哲学的精彩解释可在马克思·托瓦夫斯基的著作中找到 *Marx Wartofky, Feuerbach*, Cambridge University Press, Cambridge, 1977.

7   See Friedrich Engels, *Dialectics of Nature* (1886), trans. Clement Dutt, Progress Publishers, Moscow, 1954; Joseph V. Stalin, *Dialectical and Historical Materialism* (1938), Lawrence and Wishart, London, 1940. 这种通达哲学与科学关系的方法源于19世纪晚期的新康德主义，而马克思的思想与新康德主义几乎没有共同之处。

8   Étienne Balibar, *The Philosophy of Marx*, trans. Chris Turner, Verso, London, 1995, p. 25.

9   P. N. Fedoseyev et al., *Karl Marx: A Biography*, Progress Publishers, Moscow, 1973, p. 112.

10   这两段引文来自一段后来在手稿上被划去的文字。然而，由于这类划去在清爽的副本上是编辑性的，他们关心的是材料顺序，而不是精神内容的改变，没有理由认为马克思拒绝了他们勾勒的立场。

11   I explore this relation in 'One Time, One History?', in Peter Osborne, *The Politics of Time*, Verso, London and New York, 1995, Ch. 2.

12   在 1859 年《政治经济学批判》前言中马克思总结的历史唯物主义"教条"，实际上没有超过 1846 年他的政治经济学最初研究中得到的"一般结论"，他说这成为他进一步研究的"指导原则"。1846 年后马克思用了 37 年跟进这些研究，这期间他对资本主义的研究方法在这个松散的指导框架内经历了一系列决定性发展。

13   "公民社会"是亚当·斯密意指政治经济学对象的术语。在转向政治经济学时，马克思回到了黑格尔对公民社会解释的一个最初经济学来源。

14   See Georg Lukács, *The Young Hegel* (1948), trans. Rodney Livingstone, Merlin Press, London, 1975, p. 538; Stanley Rosen, *G. W. F. Hegel: An Introduction to the Science of Wisdom* (1974), St Augustine's Press, South Bend, 2000, pp. 173, 223, 281.

15   Immanuel Kant, *Critique of Pure Reason* (1781; 1787), trans. Paul Guyer and Allen W. Wood, Cambridge University Press, Cambridge, 1997, pp. 100–101, 643.

16   See Immanuel Kant, 'An Answer to the Question: What is Enlightenment?' (1784), in his *Perpetual Peace and Other Essays*, trans. Ted Humphreys, Hackett, Indianapolis, 1983.

17   Francis Fukuyama, *The End of History and the Last Man*, Penguin, London, 1992.

18   对这一时期国际共产主义的解释见 Fernando Claudin, *The Communist Movement: From Comintern to Cominform*, 2 vols, Monthly Review Press, New York and London, 1975.

19   恩格斯分别在 1847 年 6 月与 10 月起草了两份共产主义联盟纲领的早期草案，"关于共产主义者信仰声明的草案"与《共产主义原则》。二者都是教义问答形式。《宣言》本身是两个阶段的创作成果，开始于恩格斯的《共产主义原则》。1847 年 12 月，马克思和恩格斯在伦敦与布鲁塞尔共同研究了这一问题，对恩格斯早期文本进行了修改和重构。1848 年 1 月恩格斯在巴黎时，马克思独立研究了这一问题。对最终版本单独负责。

20 Marshall Berman, *All That Is Solid Melts into Air: The Experience of Modernity*, Verso, London, 1982, p. 92.

21 See 'Modernity: A Different Time', in Osborne, The Politics of Time, Ch. 1.

22 Walter Benjamin, *The Arcades Project*, trans. Howard Eiland and Kevin McLaughlin, Harvard University Press, Cambridge, MA and London, 1999, p. 470, [nn. 7, 6].

23 下面的分析引用并拓展了这个论点 'Remember the Future? *The Communist Manifesto* as Cultural-Historical Form', in Peter Osborne, *Philosophy in Cultural Theory*, Routledge, London and New York, 2000, Ch. 4.

24 Rob Beamish, 'The Making of the Manifesto', in Leo Panitch and Colin Leys (eds.), *Socialist Register 1998. The Communist Manifesto Now*, Merlin Press, London, p. 233.

25 Franco Moretti, *Atlas of the European Novel, 1800–1900*, Verso, London and New York, 1998, p. 187.

26 See Franco Moretti, *The Modern Epic: The World-System from Goethe to García Márquez*, Verso, London and New York, 1996, pp. 1–6.

27 Walter Benjamin, 'One-Way Street', in *Selected Writings. Volume 1: 1913–1926*, ed. Marcus Bullock and Michael W. Jennings, Harvard University Press, Cambridge, MA and London, 1996, p. 444. 如今，"少即是多" 在广告中的各种用法很常见。该口号来自现代主义建筑师密斯·凡·德罗。

28 第一个例子可能是 Sylvain Maréchals's *Manifeste des Égaux*, 1796. 更直接相关的是 Victor Considèrent's *Principle of Socialism: Manifesto of the Democracy of the Nineteenth Century* (1843; 2nd edition, 1847).

29 Tristan Tzara, 'Dada Manifesto' (1918), in *Seven Dada Manifestos and Lampisteries*, trans. Barbara Wright, Calder Publications, London, 1977, p. 3.

30 这最初是很长的一章，在第七部分 "资本积累的过程" 结束。然而，在 1888 年的英文版中，恩格斯区分出了一个单独的第八部分，为了凸显其主题与该书其余部分的区别，恩格斯从原章节中分出了新章节。

31   See R. H. Hilton, 'Feudal Society', in Tom Bottmore, ed., *A Dictionary of Marxist Thought*, Blackwell, Oxford, 1983, pp. 166–70.

32   1970年自由主义者哈佛哲学家罗伯特·诺奇克重构了该洛克式论证 Robert Nozick, *in Anarchy, State and Utopia*, Basic Books, New York, 1974, as a critique of the social egalitarianism of his colleague John Rawls's *A Theory of Justice* (Harvard University Press, Cambridge, MA and London, 1971). 作为一种对新自由主义神秘的哲学辩护。

33   See Rodney Hilton, ed., *The Transition from Feudalism to Capitalism*, New Left Books, London, 1976. 更多最近的工作见 Robert Brenner, *Merchants and Revolution*, Cambridge University Press, Cambridge, 1993.

34   See Aijaz Ahmad, 'Marx on India: A Clarification', in *In Theory: Classes, Nations, Literatures*, Verso, London and New York, 1992, Ch. 6.

35   See Edward Said, *Orientalism: Western Conceptions of the Orient* (1978), Penguin, London, 1991. 赛义德认为马克思是一个"首先非东方人的人类承诺被瓦解，然后被东方人的概括篡夺"（第156页）的例子，在各个方面都有问题。这些批评请参阅艾哈迈德的"马克思论印度"。

36   See Samir Amin, *Eurocentrism*, trans. Russell Moore, Zed Books, London, 1989.

37   See Bill Warren, *Imperialism: Pioneer of Capitalism*, New Left Books, London, 1980.

38   See Stephen P. Dunn, *The Rise and Fall of the Asiatic Mode of Production*, Routledge, New York and London, 1982.

39   此处最重要的文本是 André Gunder Frank, *Capitalism and Uneven Development in Latin America*, Monthly Review Press, New York, 1969; Immanuel Wallerstein, *The Modern World System*, Academic Press, New York, 1974; Samir Amin, *Unequal Development and Imperialism and Unequal Development* (1973), Monthly Review Press, New York, 1976 and 1977.

40   See Raymond Williams, *Modern Tragedy* (1966), Verso, London 1979, part 1.

41   Theodor W. Adorno, 'Universal History', in *Negative Dialectics* (1966), trans. E. B. Ashton, Routledge, London, 1973, p. 320.

年　表

1818	5月5日马克思出生于普鲁士王国莱茵省特里尔市。律师海因里希与来自荷兰的亨利特的儿子,九个孩子之一。
1831	黑格尔逝世。
1835	从特里尔高级中学毕业。进入波恩大学法律系学习。
1836	转入柏林大学学习法律与哲学。与珍妮·冯·维斯特法伦订婚。
1838	马克思的父亲逝世。
1839	《伊壁鸠鲁哲学笔记》。
1841	获耶拿大学博士学位,阅读费尔巴哈的《基督教的本质》。
1842	为《莱茵报》撰稿;10月成为编辑。
1843	普鲁士当局在3月关停了《莱茵报》。6月与珍妮·冯·维斯特法伦完婚。《克鲁兹纳赫笔记》,去信鲁格。10月前往巴黎。撰写"对黑格尔法哲学批判的一个贡献:导论"。
1844	《1844年经济学哲学手稿》。女儿珍妮出生。来自恩格斯为期10天的访问——开始了他们的合作。恩格斯撰写《工人阶级在英格兰的条件》。
1845	2月被法国驱逐,来到布鲁塞尔。开始(与恩格斯)写《德意志意识形态》。
1846	马克思加入"正义者联盟"。第二个女儿劳拉出生。
1847	《哲学的贫困》出版(回应蒲鲁东的《贫困的哲学》)。不列颠颁布10小时法案限制工作日。儿子埃德出生(死于1855年)。共产主义者联盟形成。
1848	《共产党宣言》出版。2月欧洲发生革命。被比利时驱逐,返回德国。《新莱茵报》编辑。加州淘金热。
1849	法兰克福国民议会失败。被指控"煽动叛乱"的马克思被判无罪。作为无国籍公民被驱逐出德国。来到伦敦。儿子圭多出生(死于1851年)。
1850	写《法兰西阶级斗争》连载。
1851	路易·拿破仑·波拿巴在法国发动政变。
1852	《路易·波拿巴的雾月十八日》出版。
1853	关于印度的第一篇文章,《纽约每日论坛报》。
1854—6	克里米亚战争。
1857—8	Grundrisse(《政治经济学批判的基础》草稿)。波德莱尔《恶

之花（*Les Fleurs du Mal*）》。

1859	《政治经济学批判》出版。达尔文的《物种起源与自然选择》出版。
1861	美国内战。
1864	国际工人协会在伦敦成立。马克思成为总理事会在德国的通讯秘书。
1867	《资本论》。迪斯雷利在英国扩大了男性选举权。
1871	巴黎公社。法兰西内战。
1872	尼采的《悲剧的诞生》出版。
1875	德国工人党在哥达会议上团结起来，组成社会主义工人党。《哥达纲领批判》。
1876	维多利亚加冕为印度女王。国际组织解散。
1878	德国出台反社会主义法。
1881	12月妻子珍妮逝世。
1883	1月女儿珍妮逝世。3月14日马克思在伦敦逝世，被安葬在海格特公墓。
1885	《资本论》第二卷出版。
1888	英文版《资本论》第一卷出版。
1894	《资本论》第三卷出版。
1895	恩格斯逝世。
1905—10	提出剩余价值理论。
1927	出现马克思-恩格斯选集版。
1932	马克思的早期手稿首次出版。
1938	《政治经济学批判大纲》首次出版。

马克思

马克思与恩格斯数字档案馆提供英文版《马克思-恩格斯选集》共50卷：marxists. org/archive/marx/index.htm

马克思和恩格斯的《共产党宣言》在1998年初版150周年之际出了几个新版本：Oxford World's Classics, Signet Classics and Verso. The Verso edition has an introduction by the British Marxist historian, Eric Hobsbawm.

最好的马克思作品选集是David McLellan (ed.), *Karl Marx: Selected Writings, 2nd edition*, Oxford University Press, Oxford, 2000.

生平

Werner Blumerberg, *Karl Marx* (1962), Verso, London and New York, 2000.

David McLellan, *Karl Marx: His Life and Thought* (1973), Macmillan, London, 1987.

Franz Mehring's classic 1918 biography is available online at: marxists.org/archive/ mehring/1918/marx/

Francis Wheen, *Karl Marx*, Fourth Estate, London, 2000.

综合性

Tom Bottomore (ed.), *A Dictionary of Marxist Thought* (1983), 2nd edition, Blackwell, Oxford, 1992.

Ernst Fischer, *How to Read Karl Marx*, Monthly Review Press, New York, 1996.

Leszek Kolakowski, *Main Currents of Marxism, Volume 1: The Founders*, Oxford University Press, Oxford, 1981.

Ernest Mandel, *The Formation of the Economic Thought of Karl Marx: 1843 to Capital*, Monthly Review Press, New York, 1971.

S. S. Prawer, *Karl Marx and World Literature*, Oxford University Press, Oxford, 1976.

哲学

C. J. Arthur, *Dialectics of Labour: Marx and His Relation to Hegel*, Blackwell, Oxford, 1986.

Étienne Balibar, *The Philosophy of Marx*, Verso, London and New York, 1995.

Carol C. Gould, *Marx's Social Ontology*, MIT Press, Cambridge MA, 1978.

Karl Korsch, *Marxism and Philosophy* (1923), available online at: marxists. org/archive/korsch/1923/marxism-philosophy.htm

Herbert Marcuse, 'The Foundations of Historical Materialism' (1932), in *From Luther to Popper: Studies in Critical Philosophy*, Verso, London, 1988.

Istvan Meszaros, *Marx's Theory of Alienation* (1970), Merlin Press, London, 1986.

Bertell Ollman, *Alienation*, 2nd edition (1977), Cambridge University Press, Cambridge, 1996.

Alfred Schmidt, *The Concept of Nature in Marx*, New Left Books, London, 1971.

历史

G. A. Cohen, *Karl Marx's Theory of History: A Defence* (1978), revised edition, Oxford University Press, Oxford, 2000.

Umberto Melotti, *Marx and the Third World*, Macmillan, London, 1982.

Alfred Schmidt, *History and Structure (1971)*, MIT Press, Cambridge MA and London, 1983.

政治

Hal Draper, *Karl Marx's Theory of Revolution, 4 volumes*, Monthly Review Press, New York, 1977ff.

R. N. Hunt, *The Political Ideas of Marx and Engels, 2 Volumes*, University of Pittsburg Press, Pittsburg, 1974.

Ralph Miliband, *Marxism and Politics (1977)*, Merlin Press, London, 2004.

Leo Panitch and Colin Leys (eds.), *Socialist Register 1998. The Communist Mani-*

festo Now, Merlin Press, London, 1998.

资本与政治经济学批判

Anthony Brewer, *A Guide to Marx's Capital*, Cambridge University Press, Cambridge, 1984.

Harry Cleaver, *Reading Capital Politically (1979)*, 2nd edition, AK Press, 1999.

Ben Fine, *Marx's Capital, 3rd edition*, Macmillan, London, 1989.

索　引

（原书页码）

图书在版编目（CIP）数据

如何阅读马克思 /（英）彼得·奥斯本
（Peter Osborne）著; 李大山译. —— 重庆 : 重庆大学
出版社, 2022.12（2024.6重印）
（大家读经典）
书名原文: How to Read Marx
ISBN 978-7-5689-3585-2

Ⅰ. ①如… Ⅱ. ①彼… ②李… Ⅲ. ①马克思（Marx,
Karl 1818−1883）– 思想评论 Ⅳ. ①A81

中国版本图书馆CIP数据核字（2022）第239205号

如何阅读马克思
RUHE YUEDU MAKESI

[英]彼得·奥斯本　著
李大山　译

策划编辑：姚　颖
责任编辑：姚　颖
责任校对：邹　忌
装帧设计：Moo Design
责任印制：张　策

重庆大学出版社出版发行
出版人：陈晓阳
社址：（401331）重庆市沙坪坝区大学城西路21号
网址：http://www.cqup.com.cn
印刷：重庆市正前方彩色印刷有限公司

开本：890mm×1240mm　1/32　印张：7.25　字数：148千
2022年12月第1版　2024年6月第2次印刷
ISBN 978-7-5689-3585-2　定价：52.00元

版贸核渝字(2021)第 105 号